湖北省高校学生工作精品2018XGJPB3006资助

|光明社科文库|

现代学徒制分层分类教育主题班会案例集

李襄静　别菊珍　赵良虎◎主编

光明日报出版社

图书在版编目（CIP）数据

现代学徒制分层分类教育主题班会案例集 / 李襄静，别菊珍，赵良虎主编. -- 北京：光明日报出版社，2023.6

ISBN 978-7-5194-7290-0

Ⅰ.①现… Ⅱ.①李… ②别… ③赵… Ⅲ.①高等职业教育—学徒—教育制度—研究—中国 Ⅳ.①G718.5

中国国家版本馆 CIP 数据核字（2023）第 096752 号

现代学徒制分层分类教育主题班会案例集
XIANDAI XUETUZHI FENCENG FENLEI JIAOYU ZHUTI BANHUI ANLIJI

主　　编：李襄静　别菊珍　赵良虎	
责任编辑：刘兴华	责任校对：李　倩　乔宇佳
封面设计：中联华文	责任印制：曹　净

出版发行：光明日报出版社
地　　址：北京市西城区永安路 106 号，100050
电　　话：010-63169890（咨询），010-63131930（邮购）
传　　真：010-63131930
网　　址：http://book.gmw.cn
E - mail：gmrbcbs@gmw.cn
法律顾问：北京市兰台律师事务所龚柳方律师

印　　刷：三河市华东印刷有限公司
装　　订：三河市华东印刷有限公司
本书如有破损、缺页、装订错误，请与本社联系调换，电话：010-63131930

开　　本：170mm×240mm	
字　　数：185 千字	印　　张：12.5
版　　次：2023 年 6 月第 1 版	印　　次：2023 年 6 月第 1 次印刷
书　　号：ISBN 978-7-5194-7290-0	
定　　价：85.00 元	

版权所有　　翻印必究

编 委 会

主　编：李襄静　别菊珍　赵良虎
副主编：魏先骏　杨　芳　刘群群
　　　　易秋节　张文君

前　言

　　襄阳职业技术学院建筑工程学院自2015年成立以来，积极推进现代学徒制人才培养模式。将企业文化与学生思想政治教育结合，不断探索职业教育改革过程中学生学习、生活、安全、活动、职业、创新中的教育引导。通过一系列的主题教育活动，由班主任带领学生一起开展思想教育和行为训练。让学生在校内外学习实践中能够快速适应企业标准化管理和岗位职业需求。

　　本书通过将大学生思想政治教育、学生活动、学生安全、职业素养、创新创业五个模块进行分类整合，构建了适用于高职高专现代学徒制人才培养模式的基础模块结构。运用丰富真实的案例为班主任提供有效的教学素材。对现代学徒制班级管理模式下主题班会开展模式、流程进行了全面系统的阐述，旨在指导每一位班主任如何开展一次高效的主题班会，提高主题班会开展质量，提升主题班会开展效果，助力学生成长成才。

李襄静
2022年3月

目 录
CONTENTS

★模块一　学生思想教育类……………………………………………1

项目一　学生爱国主义教育……………………………………… 1
项目二　中国传统文化教育……………………………………… 9
项目三　学习榜样的力量——典型人物案例教育……………… 18
项目四　学生感恩诚信教育……………………………………… 23
项目五　学生班风学风建设教育………………………………… 27

★模块二　学生活动类…………………………………………………34

项目一　学生志愿服务教育活动………………………………… 34
项目二　学生文明修身教育活动………………………………… 39
项目三　学生寝室文化建设教育活动…………………………… 45
项目四　学生时间管理教育活动………………………………… 51
项目五　学生劳动教育活动……………………………………… 58
项目六　学生体质提升教育活动………………………………… 64
项目七　学生美学教育活动……………………………………… 71
项目八　学生科技创新教育活动………………………………… 77

★模块三　学生安全教育类 ... **85**

项目一　人身财产安全教育 ... 85
项目二　学生消防安全教育 ... 90
项目三　学生心理健康教育 ... 96
项目四　学生防"艾"安全教育 ... 101
项目五　学生国家安全教育 ... 107
项目六　学生法治安全教育 ... 117
项目七　学生防疫安全教育 ... 125
项目八　学生防电信网络诈骗安全教育 ... 132

★模块四　学生职业素养类 ... **138**

项目一　学生职业道德教育 ... 138
项目二　学生职业礼仪及沟通技巧教育 ... 146
项目三　学生职业形象打造教育 ... 152
项目四　学生职业行为习惯教育 ... 158

★模块五　学生创新创业类 ... **165**

项目一　大学生职业生涯规划教育 ... 165
项目二　学生创新创业教育 ... 172
项目三　学生"互联网+"大赛教育 ... 178
项目四　学生求职面试教育 ... 184

★模块一　学生思想教育类

项目一　学生爱国主义教育

班会背景

　　爱国主义是中华民族最宝贵的精神财富，是中华民族的心和魂，也是中国人民团结奋进的强大精神动力，是中国人民的精神信仰、品格和力量。中华5000年的悠久历史，爱国主义传统塑造了中华民族的民族意识、民族性格和民族气概。爱国主义精神已厚植于中华民族心中，激励着一代又一代的中华儿女为祖国的繁荣昌盛不懈奋斗、自强不息。为激发大学生爱党、爱国、爱社会主义的情怀，赓续爱国主义传统，弘扬爱国主义精神，增强新时代大学生的历史使命感和责任感，培养工匠精神和职业情怀，在开学之际，特开展"爱国主义教育"主题班会。

班会目的

1. 重温党史，深入了解新中国翻天覆地的变化；
2. 熟知革命先辈的英勇事迹，号召学生继承先烈遗志，激发爱国主义情怀；
3. 明确"四个自信"的内涵，践行社会主义核心价值观；
4. 提高学生历史使命感和责任感，激励大家为实现中华民族伟大复兴贡献自己的力量；
5. 加强现代学徒制德育教育，培养学生爱国、爱校、爱企业、爱岗的精神与情怀。

班会设计（形式）

第一阶段：爱国主义教育

　　1. 视频分享《新时代爱国主义教育公益广告（歌唱篇）》；

　　2. 幻灯片展示爱国主义教育主题内容。

第二阶段：学百年党史

　　1. 知识竞答"百年党史知多少"；

　　2. 幻灯片学习百年党史；

　　3. 缅怀革命先烈。

第三阶段：爱我中华

　　开展读书分享会：

　　1. 培养爱国之情，砥砺强国之志，实践报国之行；

　　2. 让爱国主义成为每个中国人的坚定信念和精神依靠；

　　3. 坚持爱国、爱党、爱社会主义相统一。

第四阶段：班主任总结。

班会准备

1. 收集有关中国百年党史及革命先烈等的资料；

2. 手绘"弘扬爱国主义"手抄报、黑板报；

3. 分小组安排同学准备以"爱国主义教育"为主题的读书分享会的内容；

4. 幻灯片内容制作，挑选主持人及撰写主持稿。

班会流程

1. 主持人开场，讲解班会背景；

2. 视频分享《新时代爱国主义教育公益广告（歌唱篇）》；

3. 主题内容目录讲解；

4. 开展知识竞答"中国百年党史知多少"；

5. 开展读书分享会：爱国主义教育；

6. 赓续爱国主义传统，弘扬爱国主义精神；

7. 现代学徒制的德育教育，培养爱国、爱校、爱企业、爱岗的精神与情怀；

8. 班主任总结；

9. 结束语。

班会过程

班会第一项：主持人开场，讲解班会背景

班会第二项：视频分享《新时代爱国主义教育公益广告（歌唱篇）》

班会主题导入：

思考并分享问题：视频里展现了一个什么样的场景，你有何感触？

班会第三项：主题内容目录讲解

1. 学百年党史；

2. 爱国主义教育；

3. 赓续爱国主义传统，弘扬爱国主义精神；

4. 现代学徒制德育教育。

班会第四项：知识竞答"中国百年党史知多少"

1. 知识竞答：

（1）中国共产党是哪一年诞生的？

（2）南昌起义是哪一年？

（3）中共三大在哪个城市召开的？

（4）九一八事变发生在哪一年？

（5）1937年7月7日发生了什么战争？

（6）中华人民共和国是什么时候建国的？

2. 学百年党史：

1921年7月23日：中国共产党成立；

1922年7月16日：中国共产党第二次全国代表大会召开；

1923年6月12日：中国共产党第三次全国代表大会召开；

1925年1月11日：中国共产党第四次全国代表大会召开；

1927年4月27日：中国共产党第五次全国代表大会召开；

1927年8月：南昌起义爆发；

1928年6月18日：中国共产党第六次全国代表大会召开；

1931年11月：中华苏维埃共和国临时中央政府成立；

1935年1月15日：遵义会议召开；

1937年9月：国共两党第二次合作；

1938年9月29日：六届六中全会召开；

1945年4月23日：中国共产党第七次全国代表大会召开；

1949年3月5日：西柏坡会议召开；

1949年10月1日：中华人民共和国成立；

1956年9月15日：中国共产党第八次全国代表大会召开；

1978年5月10日：《实践是检验真理的唯一标准》一文发表；

1978年12月18日：十一届三中全会召开；

1982年9月1日：中国共产党第十二次全国代表大会召开；

1987年10月25日：中国共产党第十三次全国代表大会召开；

1992年10月12日：中国共产党第十四次全国代表大会召开；

1997年7月1日：香港回归；

1997年9月12日：中国共产党第十五次全国代表大会召开；

1999年12月20日：澳门回归；

2002年11月8日：中国共产党第十六次全国代表大会召开；

2007年10月15日：中国共产党第十七次全国代表大会召开；

2012年11月8日：中国共产党第十八次全国代表大会召开；

2017年10月18日：中国共产党第十九次全国代表大会召开；

2019年10月28日：十九届四中全会召开；

2020年10月26日：十九届五中全会召开；

2021年：中国共产党成立100周年。

3.1921—2021年时间轴：

1921—2021年：中国共产党建党百年

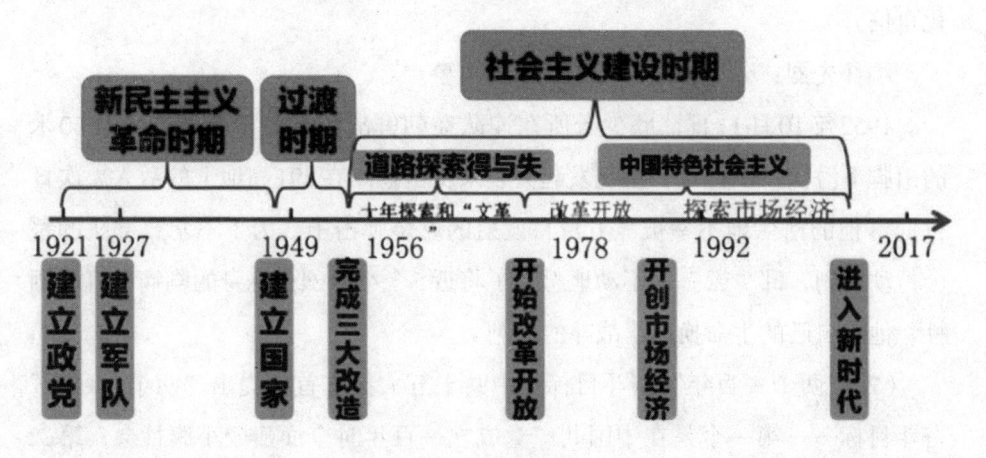

图例1-1 时间轴

班会第五项：爱国主义教育

1. 爱我中华

中华人民共和国，简称"中国"，于1949年10月1日成立。陆地面积约960万平方千米，内海和边海的水域面积约470万平方千米，东部和南部大陆海岸线长1.8万多千米，位于亚洲东部、太平洋西岸，首都是北京。中国是一个以汉族为主体，由56个民族共同组成的统一的多民族国家；是工人阶级领导，以工农联盟为基础的人民民主专政的社会主义国家。

2. 培养爱国之情，砥砺强国之志，实践报国之行

（1）社会主义核心价值观：富强、民主、文明、和谐、自由、平等、公正、法治、爱国、敬业、诚信、友善；

（2）牢固树立正确的祖国观、民族观、文化观和历史观；

（3）让爱国主义成为每个中国人的坚定信念和精神依靠。

重大历史事件纪念活动分享：

1999年9月18日，中国政府在沈阳开放了九一八历史博物馆。每年9月18日9时18分沈阳会鸣响防空警报3分钟，以警示民众勿忘国耻。

3. 传承红色基因

（1）四个自信：中国特色社会主义道路自信、理论自信、制度自信和文化自信。

缅怀先烈：分享革命烈士邱少云的故事。

1952年10月11日，邱少云所在连队在朝鲜战场奉命于夜间在距敌60米的山脚下潜伏，以待次日傍晚发起突袭来反击盘踞在391高地上的敌人。次日11时，他的潜伏地不幸被敌方盲目发射的燃烧弹击中。为了不暴露部队的整个行动计划，邱少云一动不动地忍受了将近5个小时烈火烧身的剧痛，直至牺牲。他以自己的生命换取了战斗的胜利。

（2）"两个一百年"奋斗目标：中共十五大报告首次提出"两个一百年"奋斗目标——第一个是在中国共产党成立一百年时全面建成小康社会，第二个是在新中国成立一百年时建成富强民主文明和谐的社会主义现代化国家。在2020年全面建成小康社会，在实现第一个百年奋斗目标的基础上，再奋斗15年，在2035年基本实现社会主义现代化。从2035年到21世纪中叶，在基本实现现代化的基础上，再奋斗15年，把我国建成富强民主文明和谐美丽的社会主义现代化强国。

案例分享：北京故宫博物院是一座综合性博物馆，建立于1925年10月10日，位于北京故宫紫禁城内，收藏品包括但不限于明朝、清朝两代皇宫及其收藏。它是世界三大宫殿之一，是中国最大的古代文化艺术博物馆，也是第一批全国爱国主义教育示范基地。

4. 坚持爱国、爱党、爱社会主义相统一

中国梦：国家富强、民族振兴、人民幸福，实现中华民族伟大复兴。

视频分享：《中国空间站——神舟十三号航天员首次出舱任务完成》。

班会第六项：赓续爱国主义传统，弘扬爱国主义精神

1. 习近平总书记在2021年4月19日的清华大学考察时指出：当代中国青年是与新时代同向同行、共同前进的一代，生逢盛世，肩负重任。广大青年要爱国爱民，从党史学习中激发信仰、获得启发、汲取力量，不断坚定"四个自信"，不断增强做中国人的志气、骨气、底气，树立为祖国为人民永久奋斗、赤诚奉献的坚定理想。

2. 中国共产党是爱国主义精神最坚定的弘扬者和实践者。100年来，中国共产党团结带领全国各族人民进行的改革实践和建设等，都是在实践爱国主义，这成为中华民族爱国主义精神的精彩篇章。

班会第七项：现代学徒制的德育教育，培养爱国、爱校、爱企业、爱岗的精神与情怀

1. 重温拜师仪式，开启入学及入职的管理模式，提升职业意识；

图例1-2 现代学徒制拜师仪式

（图片来源：襄阳职业技术学院杨芳）

2. 企业课堂，宣讲企业文化及国家政策，培养学生的爱国主义精神；

图例1-3 企业课堂

（图片来源：襄阳职业技术学院杨芳）

3. 校企合作培养，在平台培养工匠精神，提升职业意识；

图例1-4　广联达教育事业部与建筑工程学院洽谈校企合作

（图片来源：襄阳职业技术学院杨芳）

4. 开展"海天大讲堂"活动，培养学生的职业情怀和技术提升意识。

图例1-5　海天大讲堂

（图片来源：襄阳职业技术学院杨芳）

班会第八项：班主任总结

通过此次班会的学习，相信大家一定对中国的百年党史有了更加深刻的理解和认识，也更加明确了中国的发展道路。爱国是人世间最深层和最持久的情感体现，也是当代青年的立德之源和立功之本。

1. 爱国主义是中华民族精神的核心，更是中华民族团结奋斗、自强不息的精神纽带；

2. 始终坚持"四个自信"、践行社会主义核心价值观，把爱党、爱国、爱社会主义相统一，把实现个人梦、家庭梦融入中国梦之中，为早日实现中华民族的伟大复兴贡献自己的青春力量；

3. 培养爱国、爱校、爱企业、爱岗的精神与情怀，播撒爱我中华的种子，肩负历史使命，争做新时代的优秀大学生。

班会第九项：结束语

作为新时代的大学生，我们要始终坚定"四个自信"，赓续爱国主义传统，弘扬爱国主义精神，为中华民族的发展做出贡献。

项目二　中国传统文化教育

班会背景

近几年来，随着中西方文化的交融，社会上许多人开始追捧"洋节"，如情人节、圣诞节等，对中华民族传统节日如端午节、中秋节却表现得日渐冷淡。我国的民族传统节日是中华民族文化的载体，深入了解中国的传统节日，是弘扬传统文化的有效途径。为了正确引导学生了解中国的传统节日、弘扬民族精神、传承民族文化，明确职场中的企业文化教育及传统文化特色活动植入，特开展"中国传统节日教育"主题班会。

班会目的

1. 了解中国传统文化类型；

2. 了解中国传统节日的起源与流变，主要习俗活动类型；

3. 熟悉春节、元宵节、清明节、端午节、中秋节、重阳节的习俗、文化内涵及文化魅力；

4. 领略中国传统节日的功能和当代价值；

5. 号召学生珍视我国的传统节日、弘扬民族精神、传承民族文化；

6. 了解企业开展的特色传统文化活动，了解企业活动的价值，提升职业发展意识理念。

班会设计（形式）

第一阶段：中国传统节日学习

1. 视频分享中西方节日文化；

2. 幻灯片展示中国传统节日主题内容。

第二阶段：

1. 小组讨论"中国传统节日知多少"话题；

2. 幻灯片学习春节、元宵节、清明节、端午节、中秋节、重阳节的基本知识。

第三阶段：

开展读书分享会，学习春节、元宵节、清明节、端午节、中秋节、重阳节的习俗、文化内涵及文化魅力。

第四阶段：班主任总结。

班会准备

1. 收集有关中国传统节日的相关历史起源、习俗等资料；

2. 手绘"弘扬中国传统文化节日"手抄报、黑板报；

3. 分小组安排同学准备以"弘扬中国传统文化，分享中国传统节日"为主题的读书分享会内容；

4. 幻灯片主题内容制作、挑选主持人及撰写主持稿。

班会流程

1. 主持人开场，讲解班会背景；

2. 视频分享（圣诞节、万圣节、端午节、中秋节）；

3. 主题内容目录讲解；

4. 小组讨论"中国传统节日知多少"；

5. 开展读书分享会：分享春节、元宵节、清明节、端午节、中秋节、重阳节的基本知识；

6. 弘扬传统节日的作用和意义；

7. 开展企业特色传统文化活动；

8. 班主任总结；

9. 结束语。

班会过程

班会第一项：主持人开场，讲解班会背景

班会第二项：视频分享

班会主题导入：

视频分享（中西方文化及圣诞节、万圣节、端午节、中秋节的内容剪辑），思考并分享问题：

（1）视频里面有什么时间的什么节日？

（2）你了解这些节日文化吗？

引入本次班会主题：中国传统文化教育。

班会第三项：主题内容目录讲解

1. 中国人如何计算时间；

2. 节日的定义；

3. 中国传统节日主要习俗活动类型；

4. 中国传统节日之春节、元宵节、清明节、端午节、七夕节、中秋节、重阳节的起源与流变、主要习俗及文化内涵；

5. 弘扬传统节日的作用和意义；

6. 了解企业开展的特色传统文化活动。

班会第四项：小组讨论"中国传统节日知多少"

1. 中国人如何计算时间，节日时间的来历

名称	历法用处	计时法	天数	节日举例
阳历（公历）	当今国际上的公用历法	以太阳回归周期作为一年	一年为365天；闰年为366天	元旦节、教师节、国庆节等
阴历（农历、阴阳合历）	我国的传统历法之一	以月相变化、周期朔望月作为历月的基础，又根据太阳回归周期来计算一年的时间	354或355天；闰年383、384或385天	春节、端午节、中秋节等

2. 节日的定义

（1）节日具有公共性、周期性并拥有特定的民俗活动，是在历法基础上形成得非常时日，是凝聚着集体情感并承载着群体历史记忆和价值观念的文化时间，是文化共同体的公共活动日。

（2）中国的传统节日及时间。

3. 中国传统节日主要习俗活动类型

（1）神话传说及信俗活动：传说是以讲故事的方式诠释节日的习俗及来历等，赋予了相关节日人文内涵；信仰是节日发生和传承的重要动力，追寻节日的起源，往往发现和先人对天神、地祇等其他超自然力量的信仰有关，随着时代的发展、科学技术水平的提高，节日信俗趋于淡化，但仍然存在。

（2）饮食、娱乐及装扮活动：中秋节吃月饼、元宵节猜灯谜、春节贴对联等。

（3）社会交往活动：中国社会重人情、讲人伦，重视节日期间的交往，例如语言类的祝福、互赠礼物、宴请等。

班会第五项：开展读书分享会

分享中国传统节日之春节、元宵节、清明节、端午节、七夕节、中秋节、重阳节的起源与流变、主要习俗及文化内涵：

1. 春节的源流、习俗、文化内涵（诗词分享）

（1）以童谣《小孩小孩你别馋》引入主题。

（2）时间及源流：春节俗称"过大年"，不仅指正月初一，而且还包括从腊八到元宵一系列节日。春节的起源有很多说法：比如"上古腊祭说""古代丰收祭祀说""避年兽的传说"等等，但随着时代的发展，人们现在认为春节就是年终岁末丰收祭，更是阖家团圆的重要时刻。历法上处于年度周期转换时间节点上的节日；汉武帝以后明确以夏历正月初一为岁首。

（3）春节的习俗：

①腊八节：吃腊八粥；

②小年：腊月二十三或二十四；

③忙年：打扫房子、准备年货等；

④除夕：驱难、吃团圆饭、守岁与压岁等；

⑤正月初一：新年第一天，有迎新、纳福的意蕴，人们会逛庙会、抽牌签、占卜等，推牌九能带来乐趣，但需要适可而止；

⑥正月初五："接财神"，俗称破五、五穷日、五忙日，意味新正至此结束；

⑦神话故事：用年兽的故事解答过年为什么有放鞭炮、贴春联的习俗。

（4）春节的文化内涵：

①迎新纳福：一元复始，万象更新；

②祈福庆祝：祭神、传送祝福、拜年、辞旧迎新等；

③和谐团圆：大团圆，期望天时、地利、人和，风调雨顺、五谷丰登、和平共处、平安和谐。

2.元宵节的源流、习俗、文化内涵（情景剧分享）

（1）时间及源流："正月十五闹元宵"。元宵节的起源有三个说法：一是汉文帝在正月十五扫除吕后势力，定这一天为与民同乐日，以示庆祝。二是源于汉代祭祀太一神一说。三是源于汉明帝礼佛说，西域摩揭陀国每年正月十五做燃灯法会，纪念佛祖，随着佛教东来，燃灯表佛的习俗也传入中国，逐渐形成元宵节。

（2）元宵节的习俗：在中国传统节日中，元宵节的娱乐活动较突出。

①张灯结彩、猜灯谜：张灯是最早的一个习俗，猜灯谜是我国特有的文娱益智游戏，至今仍在延续；

②放鞭炮、烟花，龙灯会，舞狮，摇花船等；

③饮食：吃汤圆（元宵），它象征和睦幸福和团圆，生活事业吉祥如意等，在江苏常熟也会吃兜财馄饨，象征财帛进门等。

（3）传说故事：袁世凯的故事。

（4）元宵节的文化内涵：

①新年尾声：即将开启忙碌的生活和工作；

②祝福期望：团圆后的别离，期盼团圆幸福，万事顺遂；

③知识智慧：智慧的传承，传统手艺的延续。

3. 清明节的源流、习俗、文化内涵（诗朗诵）

（1）诗朗诵《清明》。

（2）时间及源流：每年公历4月5日前后。清明节源自上古时代的祖先信仰与春祭礼俗，兼具自然与人文两大内涵，是二十四节气之一，也是传统节日。它又称踏青节、祭祖节等，主要活动传承是扫墓祭祖与踏青郊游，可以在清明时节感受春天、踏青游玩，扫墓祭祀、缅怀祖先，这有利于弘扬孝道文化，唤醒家族共同记忆，还能促进亲朋好友间乃至整个民族的凝聚力和认同感。

（3）清明节的习俗：

①祭扫：到逝者的墓地去扫墓（摆放祭品、敬献鲜花等）；

②饮食：青团、清明粿、五色糯米饭等；

③娱乐：踏青、放风筝、荡秋千、插柳等；

④农事：养蚕采桑、植树造林、播种耕耘，"清明前后，点瓜种豆"。

（4）清明节的文化内涵：

①感恩情怀：祭祀是感恩的仪式，可以培养感恩情怀；

②敬畏生命：树立乐观积极的人生态度，树立正确的生命意识；

③顺应时节：尊重自然规律，顺天应时。

4. 端午节的源流、习俗、文化内涵（诗词分享）

（1）分享《离骚》。

（2）时间及源流：农历五月初五。端午节源于自然天象崇拜，由上古时代的祭龙演变而来，又称端阳节、龙舟节等。端午是"飞龙在天"吉祥日，龙文化始终贯穿在端午节的传承历史中，是集拜神祭祖、祈福辟邪、饮食娱乐为一体的民俗节日。

（3）端午节的习俗：

①饮食娱乐：吃粽子、喝雄黄酒、赛龙舟、佩戴艾草香囊、赠送蒲扇等；

②采药驱病：采百草煎汤沐浴、吃益母草、收蟾蜍、取蛇胆等。

（4）端午节的文化内涵：

①顺应时节：赛龙舟、射柳等都是对"阴阳争，死生分"的模拟，具有辅赞时节的作用，也可以舒缓参赛者的心情，锻炼身体；

②重视忠孝：交换礼物，对忠的重视，例如对屈原的深沉悼念；

③驱病延年：五月时节，蚊虫肆虐，病菌繁殖力强，采草和药驱之。

5. 中秋节的源流、习俗、文化内涵（配乐诗朗诵）

（1）配乐诗朗诵《明月几时有》。

（2）时间及源流：中秋节，又称祭月节、月夕、月亮节等，最初是在二十四节气"秋分"这天，后来才调至农历八月十五日。起源于上古时代，普及于汉代，定型于唐朝初年，盛行于宋朝后，是中国民间的传统节日。中秋节与月亮密不可分，以月之圆兆人之团圆，为寄托思乡之情，祈盼丰收团圆和幸福，是一种弥足珍贵的文化遗产。

（3）中秋节的习俗：

①赏月拜月："八月十五月儿圆"，把西瓜月饼供神前，与家人一起赏月吃月饼、品桂花酒等；

②社会交往：中秋送礼表达感恩和敬意；

③农事："中秋有雨冬至晴"；"中秋云遮月，来年好收麦"。

（4）分享嫦娥奔月的神话故事，分享"嫦娥一号"的故事。

（5）中秋节的文化内涵：

①团圆之情：是我国具有团圆意味的传统节日；

②自然之美：一起赏月，享受月圆之美的盛景；

③庆祝之意：秋天是收获的季节，庆祝辛勤耕耘的收获，拜月也是寄寓

了对美好生活的祝福；

④祖国的繁荣富强：嫦娥号探月工程、飞天梦的实现。

6.重阳节的源流、习俗、文化内涵（视频分享）

（1）视频分享《九月九日忆山东兄弟》；

（2）时间及源流：农历九月初九。重阳节源自天象崇拜，起始于上古，普及于西汉，鼎盛于唐代以后，是中国民间传统节日。古时民间有登高祈福、拜神祭祖及饮宴祈寿等习俗，传承至今，又添加了敬老孝老等内涵。

（3）重阳节的习俗：

①饮食娱乐：吃重阳糕、饮菊花酒、登高、赏菊、戴菊花、插茱萸等；

②社交活动：过"老年节"、感恩敬老、送礼等。

（4）重阳节的文化内涵：

①祈福消灾：祈福、饮菊花酒能长寿，插茱萸能消灾辟邪；

②娱乐身心：登高可以锻炼身体，赏菊能舒缓心情，送节礼可增进人际关系；

③孝老爱亲：志愿者去敬老院慰问，焕发了节日活力，有历久弥新之效。

班会第六项：弘扬传统节日的作用和意义

中国的传统节日形成了丰富的文化内涵：对天地自然的感恩与敬畏、对革命先辈的缅怀、对亲情的眷念、对故乡的依恋以及爱国的情怀，对五谷丰登、健康团圆、幸福美满、国泰民安的美好期盼。它具有不可替代的功能和当代价值，值得提倡振兴。

1.增进亲人感情，促进社会和谐：中国的传统节日，以"家"为中心，重视忠孝仁义、礼智勤信等民族精神和核心价值理念，可以增进家庭成员之间的感情，促进家风文明和社会和谐，使追求节日团圆成为中华民族的一种集体意识。

2.提高民族自信，增强凝聚意识：大力弘扬民族精神，增强凝聚意识，聚力中国力量，维护民族尊严和民族安全。

3.推动文化传承，培养创新能力：文化是民族血脉，是人们精神的家园。传承传播中国的优秀传统文化，培养创新能力，为早日实现中国梦做出贡献。

4.促进经济发展，调试生活节奏：节日的礼尚往来具有强大的经济功能，还可以调试忙碌的生活节奏，舒缓心情。

班会第七项：开展企业特色传统文化活动

开展企业的特色传统文化活动，了解企业活动的价值，提升职业发展意识。

1.案例分享：企业中秋节的活动方案、目的及模式。

活动方案：月圆之夜，月圆人更圆。在温馨明亮的家中，人们共赏美景，为浮躁的都市生活添加一分闲适和几许温暖，某装修公司特开展"月团圆，家美满"中秋活动：

活动一：新老顾客进店并关注官方微信，可领取中秋月饼一份；

活动二：趣味小灯谜，答对者可领取中秋好礼一份；

活动三：快乐大转盘，活动期间签约顾客可参与快乐大转盘赢月兔公仔、优惠券等豪礼；

活动在某商场某店内举行，时间为农历八月十五日，活动最终解释权归本店所有。

2.学生讨论并分享此次活动的意义。

3.总结此次活动的文化价值、活动价值及意义。

4.全面提升学生职业发展意识及观念，弘扬中国传统文化。

班会第八项：班主任总结

通过此次班会的学习，相信大家一定对中国的传统节日有了更加深刻的理解和认识，也更加了解了我国传统节日所蕴含的文化内涵。中国的传统节日承载着文化记忆，有很强的内聚力和包容性，体现了中华民族对生活的无限热爱和对社会进步的渴望，展现了中华儿女朴实、热情、开朗、健康的民族品质，它可以帮助我们加深文化自信、树立核心价值观，为实现中国梦打下良好的文化基石。

1.大家了解了中国传统节日的文化、节日定义；知晓了中国传统节日的起源与流变、主要习俗活动类型；

2.熟悉了春节、元宵节、清明节、端午节、中秋节、重阳节等节日的习俗、文化内涵及文化魅力；

3.领略了中国传统节日的功能和当代价值；培养了爱国主义情怀，对传承中国的传统节日、弘扬民族精神、传承民族文化起到了较好的教育引导作用；

4.班会形式多样，内容丰富，开展效果良好，是一堂生动的思想政治教育类主题班会；

5.班会后请收集七夕这一传统节日的素材并写不少于800字的班会心得。

班会第九项：结束语

作为新时代的大学生，我们要义不容辞地坚定文化自信，传承和弘扬中华民族传统文化，争做中国传统文化的传播者和传承者！

项目三 学习榜样的力量——典型人物案例教育
——学习先进典型，感受榜样力量

班会背景

有一种精神，穿越时空，有一种力量，催人奋进，那便是榜样。为了让当代大学生树立正确的榜样观，认知积极的舆论方向，通过认识榜样、学习榜样、成为榜样，传递中国精神，明确榜样对人生的指引作用，树立榜样意识，激发当代大学生为实现中华民族伟大复兴贡献智慧和力量的热情，了解各种职业中的典型人物及榜样故事，特开展"学习典型人物，感受榜样力量"主题班会。

班会目的

1.明确榜样对人生的指引作用，树立榜样意识；

2.学习了解中国的典型人物，认知积极的舆论方向；

3.倡导善于发现闪光点的做法，争做榜样；

4.激发大学生为实现中华民族伟大复兴贡献智慧和力量的热情；

5. 了解如何在企业中树立榜样，学习身边的典型人物。

班会设计（形式）

第一阶段：认知榜样及典型人物
  1. 播放感动中国颁奖典礼片段视频；
  2. 幻灯片展示班会的主题内容。
第二阶段：学习中国先进典型人物代表的事迹
  1. 小组讨论"中国先进典型人物知多少"话题；
  2. 分享先进典型人物：感受榜样的力量。
第三阶段：开展分享交流会。
第四阶段：班主任总结。

班会准备

1. 收集有关中国榜样人物的事迹资料；
2. 分小组安排同学准备以"先进典型人物"为主题的分享交流内容；
3. 整理学院"学生之星"代表的材料；
4. 幻灯片主题内容制作、挑选主持人及撰写主持稿。

班会流程

1. 主持人开场，讲解班会背景；
2. 视频分享：播放《感动中国颁奖典礼》的片段；
3. 主题内容目录讲解；
4. 小组讨论"中国先进典型人物知多少"；
5. 分享先进典型人物及事迹；
6. 开展分享交流会，感受榜样的力量；
7. 如何在企业中树立榜样，学习身边的典型人物；
8. 班主任总结；
9. 结束语。

班会过程

班会第一项：主持人开场，讲解班会背景

班会第二项：视频分享《感动中国颁奖典礼》的片段

班会主题导入：观看《感动中国颁奖典礼》视频片断

思考并分享问题：

1. 他们是如何站上这个舞台的？

2. 他们具备什么样的精神？

班会第三项：主题内容目录讲解

1. 认知榜样及典型人物；

2. 学习中国先进典型人物代表的事迹；

3. 感受榜样的力量；

4. 学习企业中树立榜样的案例，学习身边的典型人物。

班会第四项：小组讨论"中国先进典型人物知多少"

1. 习近平总书记曾说：先进人物、先进集体是我们这个社会的精华，是最优秀的部分。他们所取得的成绩，特别是他们的精神、品质、风格，是人们学习的榜样，是鼓舞和教育人民前进的无穷力量。心有榜样，就是要学习英雄人物、先进人物，在学习中养成好的思想品德追求。

2. 认知榜样的高尚品质和崇高精神：坚定信念、践行宗旨、拼搏奉献、廉洁奉公。

班会第五项：分享先进典型人物及事迹

1. 共和国荣光

"七一勋章"获得者都来自人民、植根人民，是立足本职、默默奉献的平凡英雄。他们的事迹可学可做，他们的精神可追可及。他们用行动证明，只要坚定理想信念、坚定奋斗意志、坚定恒心韧劲，平常时候看得出来、关键时刻站得出来、危难关头豁得出去，每名党员都能够在民族复兴的伟业中为党和人民建功立业！——这是习近平总书记在"七一勋章"颁授仪式上的讲话。

（1）观看视频：《答卷人：青春》

（2）与党同龄的新华社记者瞿独伊

（3）袁隆平——杂交水稻之父

（4）张桂梅——丽江华坪女子高级中学校长

看着一个个山区女孩因贫困失学，"七一勋章"获得者、"全国脱贫攻坚楷模"荣誉称号获得者张桂梅萌生了梦想：办一所免费的女子高中，让大山里的女孩都能读书。

2. 时代楷模

（1）时代楷模潘东升——用生命诠释忠诚的优秀公安局局长

（2）潘东升视频分享

3. 道德模范

全国道德模范张莹莹——雨燕飞赢人生，助力残友逆袭

第八届全国道德模范张莹莹是一只"勇敢的雨燕"。她成功创业，创立雨燕助残慈善机构，开创残疾人多元化就业和孵化模式，2700多名残障人士在她的帮助下实现就业创业。

4. 最美奋斗者

（1）最美奋斗者叶聪——潜海追梦，勇攀科技高峰

（2）叶聪视频分享

2020年11月28日，"奋斗者"号完成海试胜利返航，习近平总书记在贺信中指出："从'蛟龙'号、'深海勇士'号到今天的'奋斗者'号，你们以严谨科学的态度和自立自强的勇气，践行'严谨求实、团结协作、拼搏奉献、勇攀高峰'的中国载人深潜精神，为科技创新树立了典范。"

5. 最美人物

"最美大学生"宋哲——誓做惊天动地事，甘为隐姓埋名人

潜心科研、攻坚克难，面向国家重大需求，扎根卫星通信测量领域，研制多项关键技术，突破了该领域的诸多瓶颈问题，荣获国家科学技术发明奖二等奖。宋哲积极拥抱时代发展潮流，响应国家"大众创业、万众创新"号召，荣获第六届中国国际"互联网+"大学生创新创业大赛总冠军。

6. 身边的感动

（1）山东潍坊"折翼"小伙童翔的冬奥梦

（2）杨童翔视频分享

一首歌的创作，是山东潍坊"折翼"小伙杨童翔梦想的出发点，也是他认识世界的方式。听着自己作词的歌在舞台唱响，他特别满足，觉得自己插上了翅膀，飞到了想去的地方。

班会第六项：开展分享交流会，感受榜样的力量

1. 感受榜样的力量

（1）典型本身就是一种强大的力量；

（2）学习榜样越勤，心灵共鸣越响；

（3）伟大时代呼唤伟大精神，崇高事业需要榜样引领；

（4）分享身边的榜样。

2. 分享企业中树立的榜样，学习身边的典型人物

（1）企业师傅分享典型人物（提前录制视频或现场连线）；

（2）小组分享成为典型人物背后的故事；

（3）号召大家树立榜样意识。

班会第七项：班主任总结

通过此次班会的学习，相信大家一定对中国的典型人物及事迹有了更加深刻的认知，也更加感受到了榜样的力量。希望大家都能树立正确的榜样观，拥有热爱祖国、热爱人民、无私奉献、坚持理想、崇尚科学、艰苦奋斗、乐于助人、见义勇为等优秀品质，争做新时代的大学生榜样。

班会第八项：结束语

榜样是旗帜，指引人们战胜困难，走向胜利；榜样是方向，带领人们奋勇拼搏，勇攀高峰。作为新时代的大学生，我们要学习榜样，树立典型。

项目四　学生感恩诚信教育
——感恩于心，诚信做人

班会背景

感恩和诚信是我们每个人应该坚守的基本道德，也是我们中华民族的传统美德，在构建社会主义核心价值体系的今天，作为一名大学生，我们需要拥有"滴水之恩，当以涌泉相报"的感恩之心，也要培养"言必信，行必果"的诚信意识，为引导学生正确认知感恩和诚信，弘扬奋发向上的民族精神，推进立德树人的育人理念，培养职业精神，传播感恩及诚信之心，特开展以"感恩于心，诚信做人"为主题的班会。

班会目的

1. 体会感恩与诚信的真正内涵；
2. 培养感恩与诚信意识；
3. 提高思想道德素养；
4. 明确职场中的感恩及诚信的重要性。

班会设计（形式）

第一阶段：了解什么是感恩和诚信

    1. 手语舞《感恩的心》；

    2. 幻灯片展示感恩和诚信教育主题内容。

第二阶段：

    1. 诚信视频分享；

    2. 幻灯片学习感恩与诚信的内容。

第三阶段：

    1. 开展感恩活动（室内游戏），体会感恩的内涵及魅力；

    2. 小组讨论分享诚信的内涵及意义。

第四阶段：班主任总结。

班会准备

1. 收集有关感恩、诚信的案例及其他资料；
2. 排练手语舞《感恩的心》；
3. 分小组安排同学准备以"诚实守信"为主题的案例分享内容；
4. 幻灯片主题内容制作、挑选主持人及撰写主持稿。

班会流程

1. 主持人开场讲解班会背景；
2. 手语舞《感恩的心》；
3. 主题内容目录讲解；
4. 感恩活动开展；
5. 诚信的内涵及意义；
6. 班主任总结；
7. 结束语。

班会过程

班会第一项：主持人开场，讲解班会背景

班会第二项：手语舞表演《感恩的心》

班会主题导入：表演手语舞《感恩的心》。

思考并分享问题：

1.《感恩的心》这个舞蹈的来历；
2. 我们应该感恩哪些人？

班会第三项：主题内容目录讲解

1. 感恩的内涵及魅力；
2. 诚信的内涵及意义。

班会第四项：感恩活动开展

1. 感恩的内涵及魅力

（1）游戏互动《爱的割舍》：

请同学们在纸上写出自己认为很重要的十个人的名字——他们给了我们很多帮助，我们的成长离不开他们的关心。然后划掉相对不是很重要的三个人，然后再划掉两个，每划掉一个人也表示将失去这个人的爱，必须做出选择，然后再划掉两个（根据气氛引导）。得到爱很容易，很理所当然，可是失去的时候却会痛苦，我们要学会珍惜。最后，留下最后一个人，那个人，给予你恩情最多，是你需要守护的人（根据现场气氛引导）。

游戏小结：在我们幸福的道路上，得到了许多人的爱，可是当我们享受着他们的爱的时候，却往往不懂得珍惜，或许我们曾经抱怨过他、嫌弃过他，但是一旦面临失去，我们却无比的痛苦。最后，你纸上留下的那个人，是经过层层筛选而留在心中的，相信包括刚才划掉的人，对他们都有好多话和好多故事要说，请用自己的方式表达给他，告诉他：感谢有你，陪伴在我的生命里。

（2）感恩父母：小组讨论如何感恩父母，播放音乐《父亲》

①百善孝为先，"孝"是中华民族的优秀传统；

②用一颗细腻的心去感受父母的爱；

③用他们期望的方式去感恩回馈这份爱。

（3）感恩老师：小组分享"程门立雪"的故事

①尊重课堂成果，认真对待每一堂课；

②刻苦钻研，以优异的成绩回报老师；

③感知老师的教导。

（4）感恩朋友：主持人分享沙漠中旅行的故事

（5）感谢不平凡的自己：分享视频《感恩不平凡的自己》

活动结束语：用心去了解他人，用感恩的心对待身边的人，树立心中有他人、心中有祖国的情感，做一个有温度的人。感恩，是人世间最美的语言，是心中最美的境地，其实心中有爱，每天都是感恩节，每天都觉得很幸福。

班会第五项：诚信的内涵及意义

1. 视频分享：《诚信》。

思考：何为诚信？

2. 党的十八大提出24字社会主义核心价值观：富强民主文明和谐，自由平等公正法治，爱国敬业诚信友善。诚信也列入其中，是重要的道德支撑。

3. 小组分享诚信案例：人无信不可立于世。

4. 诚信与大学生成长。

（1）拖欠助学贷款，导致进入失信名单；

（2）求职就业的资料作假，导致诚信全无，失去机会；

（3）诚信考试和做作业；

（4）弄虚作假获得荣誉等。

5. 从小事做起，从现在做起，做一个诚实守信的人。

案例分享：

企业中的诚实守信：海尔"真诚到永远"的故事分享。

班会第六项：班主任总结

通过此次班会的学习，相信大家一定对感恩和诚信有了更加深刻的认识，也更加体会了感恩与诚信的内涵。感恩是生活中最大的智慧，诚信是人的立身之本，朴实的字眼却蕴含着深刻的道理。人一旦失去了感恩与诚信，将如同一叶孤舟，茫然漂泊，温暖全无。我们要长怀一颗感恩的心，用诚信的态度去做事，那么，我们将拥有整个温暖的世界。

班会第七项：结束语

作为当代大学生，我们应该继承和发扬中华民族的传统美德——感恩诚信，自觉加强感恩诚信道德建设，践行社会主义核心价值观，感恩于心，诚信做人！

项目五 学生班风学风建设教育
—— 一起向未来

班会背景

学校工作的主旋律是人才培养，学校育人的主阵地是课堂教学，班级管理的核心点是班风建设。而良好班风的形成需建设良好的学风。开学季是同学们新学期生活的开始，为推进学校优良班风、学风建设，不断提高学校育人质量，为企业输送骨干人才，切实做好学院班风学风建设工作，推进员工化管理，打造优秀班集体，引导树立学习目标，增强政治意识、责任意识、职业意识，特开展"一起向未来"主题班会。

班会目的

1. 引导学生树立学习目标，养成良好的行为习惯；
2. 明确如何建设优良班风学风，提升班级凝聚力；
3. 制订个人计划、班级目标，引导学生做好职业发展规划；
4. 推进现代学徒制中员工化管理育人理念，提升学生职业意识；
5. 增强学生的政治意识和责任意识，提高学校育人质量，为企业输送骨干人才。

班会设计（形式）

第一阶段：班风、学风知识学习

  1. 播放班级照片，导入主题；

  2. 幻灯片展示建设良好学风，营造优良班风主题内容。

第二阶段：我和我的班级

  1. 小组讨论"我们班表现怎么样"话题；

  2. 分享心目中的班级、老师、同学和期望的自己的样子。

第三阶段：建设良好班风学风，打造优秀班集体

1. 幻灯片学习如何建设良好学风，营造优良班风；

2. 开展树立个人目标、班级目标的演讲。

第四阶段：一起向未来。

第五阶段：班主任总结。

班会准备

1. 收集有关班级建设的资料；

2. 开展"我的未来我做主""我的班级我做主"手抄报、黑板报征集活动；

3. 班委准备目前班级建设和个人成长的相关资料及演讲稿；

4. 幻灯片主题内容制作、挑选主持人及撰写主持稿；

5. 现代学徒制之员工化管理项目——录制《三年后的你》愿望视频。

班会流程

1. 主持人开场讲解班会背景；

2. 主题内容导入：播放《一起向未来》视频；

3. 主题内容目录讲解；

4. 我和我的班级：小组讨论"我们班怎么样"，播放班级视频；

5. 分享：我心目中的班级、老师、同学和期望的自己的样子；

6. 学习如何建设良好学风，营造良好班风；

7. 开展树立个人目标、班级目标的演讲；

8. 班主任总结；

9. 结束语。

班会过程

班会第一项：主持人开场，讲解班会背景

班会第二项：主题内容导入

播放《一起向未来》视频，引发思考和回忆。

（1）思政教育，美好期待，梦想引领

冬奥会的"一起向未来"口号的意义与内涵：彰显了奥运会团结世人克服挑战、共创人类未来的力量，是团结和集体的力量，体现了奥林匹克运动的核心价值观和愿景，以及追求世界统一、和平与进步的目标。"一起"展现了人类在面对困境时的坚强姿态，指明了战胜困难、开创未来的成功之道；"向未来"表达了人类对美好未来的憧憬，传递了信心与希望。也寓意我们还有美好期待。作为当代大学生，我们的梦想是什么呢？我们期望的未来是什么样子的呢？

（2）提出对班级建设、个人目标的思考。

班会第三项：主题内容目录讲解

1. 我和我的班级；

2. 建设良好学风，营造良好班风；

3. 一起向未来。

班会第四项：我和我的班级

我和我的班级

（1）主题讨论"我们班怎么样"，分析班级现状；

（2）视频分享：回顾上学期《我们的故事——***班》；

图例1-6　班级视频

（图片来源：襄阳职业技术学院杨芳）

（3）我们班目前表现好的地方及表现优秀的同学；

（4）我们班目前缺乏及还需要提升的地方。

班会第五项：分享我心目中的班级、老师、同学和期望的自己的样子

个人演讲：我心目中的班级、老师、同学和期望的自己的样子。

班会第六项：学习如何建设良好学风，营造良好班风

1. 制订计划目标，"凡事预则立，不预则废"。
2. 做好班委队伍建设，实现学生自治管理。

（1）明确班委职责，公之于众；

（2）开展班委竞选，采用个人自荐、民主选举的方式；

（3）开展班委培训；

（4）发挥班委特长及提升管理能力；

（5）实现学生自治管理。

3. 开展班级文化建设，营造积极和谐班级氛围。

（1）目标确立以学习为中心，激发学生的求知欲和进取心；

（2）打造班级文化墙，以月或周为频次更新，提升学生能动性和增强成就感；

（3）建立交流平台，定期开展读书、演讲活动，促进学生间的交流和增加展示机会；

（4）参加学校组织的重大活动，增强班级凝聚力和荣誉感。

4. 狠抓班级制度建设，多渠道开展校园文化集体活动。

（1）落实现代学徒制中员工化管理中的积分管理制度，体现公平、公正原则，激发学生竞争意识；

（2）开展丰富多彩的集体活动，提升学生素质，提高学风建设水平；

（3）开展管理班级特色活动，彰显班级独特魅力文化，提升班级凝聚力；

（4）多渠道宣传集体活动成就及闪光人物事迹，树立榜样的力量；

（5）建立班级管理制度及班级个人量化考核标准，严格要求日常规范。

5. 严格学生养成教育，设法形成良好班风。

（1）深入开展文明修身、职业礼仪等德育活动，做好劳动教育及志愿者服务精神的传播；

（2）狠抓日常管理，引导学生发挥主体作用，激发学生学习兴趣；

（3）培养学生良好的学习及生活习惯、感恩诚信意识、竞争意识和团队合作能力；

（4）开展思政课程，拓展学生课堂的思想教育接收面；

（5）建立良好的奖惩制度，重视正面引导教育和宣传。

6.重视课堂教学效率，促进学生全面发展，提升核心竞争力。

（1）落实课堂教育目标，严格重视听课率，保证课堂效果；

（2）把握教学环节，调节学生学习主动性和积极性；

（3）鼓励学生积极参加学术性比赛及活动，做好引导指导工作。

7.加强思想政治教育，促进师生情感沟通，建立良好师生关系。

（1）建立良好的沟通交流平台，多进教室、寝室、实训室，做学生的良师益友；

（2）加强访谈频次，消除紧张感和压迫感；

（3）建立家校共育机制，全面培养学生。

8.开展企业学习实践活动，完成现代学徒制项目——企业课堂，引导学生目标及职业生涯规划制订。

（1）企业课堂中由任课老师、企业师傅一起指导开展工程造价专业企业参观、企业实践活动，培养职业意识；

图例1-7　企业参观

（图片来源：襄阳职业技术学院杨芳）

图例1-8　企业实践活动

（图片来源：襄阳职业技术学院杨芳）

（2）开展海天大讲堂专业讲座，明确学生的职业规划方向。

图例1-9　海天大讲堂活动

（图片来源：襄阳职业技术学院杨芳）

9. 多渠道、多平台开展安全教育、法治教育、心理健康教育，提高学生的安全意识。

（1）建设平安校园，做好防疫、防火、防盗、防诈骗等安全教育，培养安全意识；

（2）组织参加法制教育讲座，提升学生法律意识；

（3）加强心理健康教育，做好流行病预防教育宣传。

班会第七项：开展树立个人目标、班级目标的演讲

演讲主题：一起向未来。

1. 围绕学习、生活、职业规划、班级建设等方面进行演讲稿的撰写；

2. 开展演讲；

3. 现代学徒制之员工化管理项目——录制《三年后的你》愿望视频。

（1）愿望视频录制的背景；

（2）愿望视频录制的意义；

（3）愿望视频录制的要求；

（4）视频录制。

班会第八项：班主任总结

通过此次班会的学习，相信大家一定对学风和班风建设有了更加深刻的理解和认识，也更加明确了班级建设目标，树立了个人职业规划目标。

1. 明确学习目标，养成良好的学习习惯；

2. 班委起到良好的带头作用，树立榜样的力量；

3. 不忘历史，学习党史，勇于担当，都要有"比、学、赶、帮、超"的劲头。

形成良好的班风学风需要一个漫长的过程，我们要在实践中不断探索，不断总结，实事求是，创建良好的学习氛围，后期会开展更多的活动和措施来促进班风建设，愿未来，我们正班风、浓学风，取长补短，打造一个更加优秀的班集体，遇见更优秀的自己。

班会第九项：结束语

优秀的个人成就，完美的团队，愿所有的大学生树立个人目标，做好职业规划，加强学风建设，营造良好班风，培养个人能力，全面发展，增强政治意识和责任意识，一起向未来，做新时代优秀的大学生，打造优秀的班集体！

★模块二　学生活动类

项目一　学生志愿服务教育活动

班会背景

　　用生命谱写志愿者之歌是值得每一名学生学习的，1963年5月3日以毛泽东为代表的老一辈无产阶级革命家发出了"向雷锋同志学习"的伟大号召，社会的大家庭中处处都有志愿者的身影，雷锋精神始终放射着夺目的光芒，是中华民族传统美德与共产主义思想相结合的典范，作为新时代的大学生，应将志愿者品质植根于心田，充分发挥中华民族传统美德。在现代学徒制职业教育中，开展"弘扬雷锋精神，人人争当志愿者"主题班会活动尤为重要。

班会目的

1. 帮助学生了解志愿服务的意义，体现志愿服务的快乐；
2. 从学生角度谈谈对志愿服务的感受；
3. 让学生亲身体验校园、企业志愿服务活动，感受志愿服务精神，提高学生志愿服务参与度。

班会设计（形式）

　　第一阶段：志愿服务知识学习
　　　1. 欣赏志愿服务类视频，了解什么是志愿服务；

2.通过幻灯片了解志愿服务的意义。

第二阶段：

  1.学习优秀志愿者典型事迹；

  2.通过志愿服务的知识问答加深同学们对志愿服务的理解。

第三阶段：

  1.了解志愿服务活动形式；

  2.诗歌朗诵；

  3.通过问题引发同学们思考。

第四阶段：班主任总结。

班会准备

1.收集有关志愿服务的知识、知识问答等资料；

2.手绘"志愿服务"类手抄报、黑板报；

3.准备有关志愿服务的宣传视频；

4.幻灯片主题内容制作、主持人挑选、主持稿编写；

5.提醒每位同学自带纸笔。

班会流程

1.主持人播放视频引入志愿服务主题内容；

2.介绍本次班会背景；

3.通过幻灯片学习志愿服务的知识；

4.学习优秀志愿者典型事迹；

5.通过知识问答使同学们对志愿服务精神认识更加深刻；

6.了解志愿服务活动形式；

7.通过提出问题引发同学们的思考；

8.诗歌朗诵；

9.班主任总结。

班会过程

班会第一项：主持人引入志愿服务视频

班会第二项：主持人介绍本次班会背景

班会第三项：介绍志愿服务相关知识

1. 什么是志愿服务

志愿服务是指任何人志愿贡献个人的时间和精力，在不为任何物质报酬的情况下，为改善社会，促进社会进步而提供的服务。

2. 志愿服务精神

奉献、友爱、互助、进步是中国人民艰苦创业旅程中的灵魂，是新时代服务社会的新生力量。青年志愿者"送人玫瑰，手有余香"的精神温暖着需要帮助的、渴望关怀的人；青年志愿者无私奉献的精神见证着最为高尚的道德情操。

3. 志愿服务标志

青年志愿者标志整体构图为心的造型，图中央手的造型也是鸽子的造型，寓意为中国青年志愿者向社会上所有需要帮助的人们奉献爱心，伸出友爱之手、面向世界、奔向未来。

4. 志愿者重要节日

国际志愿者日：12月5日

中国青年志愿者服务日：3月5日

全国助残日：5月第3个星期日

班会第四项：学习中国青年志愿者先进典型事迹

郎坤，女，满族，中共党员，出生于1984年。郎坤自2004年上大学以来，坚持关爱帮扶农民工子女，服务时数累计达6000余小时，帮扶3000多人，走访行程超过1.8万千米，捐赠价值158万元物资，被誉为"最执着的志愿者"。大学4年，郎坤在武汉一所菜场里的农民工子女学校——"屋顶小学"进行义务支教；大学毕业后，郎坤放弃直接读研的机会，成功入选中国青年志愿者扶贫接力计划研究生支教团，赴贵州省龙里县支教一年，针对农民工子女特点倡导并建立了龙里县"为了明天——七彩阳光工作室",下设雏鹰志愿者基地、素质拓展训练营和心理援助爱心联盟等机构,成了农民工子女学校德育工作的一个新亮点。2010年,郎坤在返校读研及工作期间,持续关注农民工子女教育、生活问题,参与创建面向全武汉农民工子女的"5+1彩虹计划"志愿服务体系和"共青团关爱农民工子女志愿服务行动"专项计划。武汉理工大学专门成立"郎坤志愿服务队"。在郎坤的带领下,"郎坤志愿服务队"已经成为专业从事"关爱行动"项目的志愿服务队伍,自2011年3月成立以来,累计开展1000余次关爱行动,先后出动志愿者5000人次,累计志愿服务工时达10000余小时。与湖北省多所农民工子弟小学建立长期结对帮扶关系,捐赠价值100余万元的善款及物资。郎坤的先进事迹引起了社会各界的广泛关注,《人民日报》《光明日报》《中国青年报》、新华网等主流媒体对郎坤关爱农民工子女志愿服务行动的事迹进行了大幅专题报道。2012年5月4日,在纪念中国共产主义青年团成立90周年大会上,郎坤在北京人民大会堂代表亿万青年发言,受到胡锦涛、习近平等党和国家领导人的亲切接见。

赵广军,男,汉族,中共党员,1977年出生,现为广州市海珠区江南中街社区服务中心员工。赵广军自1998年加入广州青年志愿者协会以来,将工作之余的时间几乎全部用于志愿服务,对拯救游走在问题边缘的青少年"情有独钟",坚持用春风化雨般的"现身说法"来影响、引导和改变他们,先后帮教了1200多名问题青少年,其中有40多位青少年在思想转变后随他一起走上了志愿服务的道路。

赵广军于2004年年底自费开通"生命热线",坚持"用心灵影响心灵,用生命挽救生命",为生活中遭遇不幸和承受压力的人减压,成功地挽救了200多名轻生者,使那些游走在生命边缘的心灵重新获得追求梦想的勇气。他近年来坚持每年开展50场公益讲座,2017年3月利用网络媒体资源,开通YY全球直播,周一至周五,晚上20:00—22:00以不同的主题进行:周一是医疗+公益=爱;周二是社会工作面面看;周三是时尚公益大家谈;周四是心理它是病吗;周五是"军哥"讲公益,实现创新意识公益推广。

他倾其所有帮助了60多位孤寡老人,为孤寡老人买菜、做饭、洗衣、护理等。由于常年劳累，饮食起居没有规律，赵广军身患多种疾病，在帮教问题少年的过程中，几次因血压高而晕倒或长时间坐着听电话导致腰肌严重劳损，身患疾病依然坚持守候着"生命热线"，还拖着不能动的右脚去做志愿服务，以自己的实际行动影响并带动了一大批社会人士加入关爱他人的志愿服务队伍。他本人先后获得第十一届中国青年五四奖章、第七届中国十大杰出志愿者等荣誉称号。

班会第五项：志愿服务知识问答

1. 中国青年志愿者协会成立于（B）

A.1995年12月4日 B.1994年12月5日

C.1995年12月4日 D.1994年12月5日

2. 下列哪一项不属于志愿服务的特征？（D）

A. 志愿性   B. 无偿性   C. 公益性   D. 固体性

3. 中国青年志愿者行动口号是（B）

A. 奉献、友爱、互助、进步 B. 爱心献社会，真情暖人间

C. 自愿参加、讲求实效 D. 量力而行，持之以恒

4. 我国的社区志愿者服务首创于（C）

A. 北京   B. 上海   C. 天津   D. 天津

5. 志愿服务精神蕴含着深厚的（D）的思想和社会的追求。

A. 仁慈、道德   B. 宗法、伦理

C. 儒家、大同   D. 人文、和谐

班会第六项：了解志愿服务活动形式

1. 敬老院志愿者服务；

2. 献血宣传活动；

3. 交通协管志愿者；

4. 图书馆志愿者；

5. 乡村志愿者（支教、支农、支医）；

6. 校内志愿者活动；

7. 社区志愿者；

8. 特色大型活动（世博会、奥运会、冬奥会等）。

班会第七项：提出问题引发同学们思考

1. 谈谈你对志愿者的看法。

2. 谈一次你做志愿者的经历。

班会第八项：诗歌朗诵

也许，你已无法描述他的容颜，但你会记得那是一张张笑脸。

也许，你已记不清他的名字，但你一定能回味他的温暖。

没有豪言壮语，不招摇显赫，用无言的大爱感动着河山，

没有薪金报酬，且低调缄默，把无私奉献变成躬身实践。

他们，是时代最响亮的名字——志愿者。

我们，在脚步踢踏声中追索，守护共同的诺言。

我们，是光荣的青年志愿者，我们来自四面八方，拥有一个共同的愿望，

我们，是光荣的青年志愿者，让世界不再冰冷，这是我们的职责。

我们，是光荣的青年志愿者，让世界充满爱心，这是我们的使命。

班会第九项：班主任总结

通过这次主题班会，我们了解了什么是志愿服务，学习了优秀志愿者典型事迹，作为一名新时代的大学生，自愿加入青年志愿者队伍，走进公益，亲身体验志愿服务的快乐，才能真正感悟"奉献、友爱、互助、进步"的精神。帮助别人，奉献社会，快乐自己，但愿在以后的日子，大家都能积极参加志愿者活动，让我们的社会更加美好！

项目二　学生文明修身教育活动

班会背景

"文明修身工程"是为提高大学生思想道德素质而开展的一系列活动，它具有较为深远的理论意义和实践意义。是我校在现代学徒制职业教育中结合当今时代特点和大学生的思想、学习、生活现状而实施的一

项基础性、长期性工作。"大学生文明修身工程"以理想信念教育为核心，以思想道德为基础，以文明自省和文化自觉为重点，以服务大学生健康成长成才为宗旨，在校期间养成自觉的文明行为，帮助学生在企业树立良好的风范和形象。

班会目的

1. 教育引导学生积极践行社会主义核心价值观；
2. 提升学生思想道德水平和文明素养；
3. 加强班风、学风、校风建设；
4. 塑造文明大学生、优秀企业员工的良好形象。

班会设计（形式）

第一阶段：
    1. 通过幻灯片了解文明修身的含义、重要性；
    2. 播放视频展示文明修身的意义。

第二阶段：
    1. 通过校园、企业的不文明现象引入学生思考、讨论；
    2. 结合现实谈论对于文明修身的理解；
    3. 通过调查问卷了解学生对文明修身的践行程度。

第三阶段：
    1. 深入学习文明修身的内涵；
    2. 全体进行文明宣誓。

第四阶段：班主任总结。

班会准备

1. 主持人做好班会开展准备工作；
2. 收集好需要播放的大学生文明宣传片视频；
3. 做好文明修身主题班会的幻灯片以及相应材料；

4. 班干部做好班级内部文明修身主题班会的宣传工作。

班会流程

1. 主持人做文明修身主题班会的开场白，提醒全班同学，做好互动；
2. 播放关于大学生文明修身的视频，引入主题；
3. 同学们对于"如何文明修身，提升自我"进行发言演讲；
4. 组织同学们对身边的不文明现象进行讨论思考以及商讨解决方案；
5. 发放调查问卷了解同学们的文明践行程度；
6. 深入了解文明修身的重要内涵；
7. 组织全体同学进行文明宣誓；
8. 班主任总结。

班会过程

班会第一项：主持人开场

文明修身是为提高社会群众思想道德素质而开展的系列宣传活动，它具有较为深远的理论意义和实践意义。从理论意义看，文明修身活动体现了马克思主义关于人的全面发展的基本理论；贯彻了"以人为本"的教育理念；彰显了我国儒家传统的修身思想。从实践意义看，文明修身活动捕捉到了社会群众思想道德的薄弱环节，具有针对性，具有教育性，创新了高校德育工作的理念、思路和方法，具有实效性。

班会第二项：播放文明修身视频，引入主题

播放相关的视频进行学习。

班会第三项：同学发言演讲

观看关于文明修身的视频，组织同学们谈谈对于文明修身的理解感悟。

班会第四项：对身边不文明现象进行讨论

1. 对校园、企业不文明现象进行总结

在教学楼或教室里就餐；随地吐痰；随地扔垃圾；口吐脏字；用物品占座；

自习课随意走动并发出噪声；休息时间在宿舍楼道里大声喧哗；对课堂纪律视而不见；不诚信考试；对老师不尊敬；在公共教学区域，情侣之间举止太过亲密；不随手带走自己在上课或自习过程中制造的垃圾；休息时间宿舍内个别同学较吵或熄灯晚，打扰其他人休息；等等。在企业中穿着邋遢；大声说话；背后议论别人等。

2. 分析产生不文明现象的原因

（1）社会环境的影响。网络资源的丰富使学生与外界的联系越来越频繁，社会上的各种思潮都会给高职院校学生带来影响，特别是一些自私自利、损人利己等非文明现象腐蚀学生灵魂，造成学生道德素质的下降。

（2）教师对学生的影响。存在重授技、轻育才的观念，在这种错误的观念的影响下，部分老师不注重仪表的端庄与语言的文明；某些老师对于学生的不文明现象听之任之，不教育不引导，这对学生的文明修养有消极作用。

（3）学生对提高文明素质的认识不够。社会对于人才的需求越来越高、这不仅要求学生具有较高的文化素养，更要求学生的行为举止文明得体，所以学生既要有扎实的专业知识和专业技能。又要有良好的品德修养和人文素质。

3. 讨论校园不文明现象解决方案

（1）建立健全适当的监督机制；

（2）树立文明楷模；

（3）作为学生要不断提高自身修养和自身素质，有较强的纪律性和原则性。

班会第五项：调查问卷

1. 你如何认识当前大学生的文明素质情况？

很好

整体较好，有个别人素质较低

整体较差

很差

2. 请问，您认为身边最常见的文明现象是？

爱护学校公用设施

不折损花草树木，不践踏草坪绿地

不乱扔杂物，保持校园洁净

语言文明，行为文雅，举止大方

3. 请问，您认为身边最常见的不文明现象是？

随地乱扔垃圾、吐痰

在课桌、墙上随意涂鸦

在图书馆、自习室手机不关机或不调震动的

在图书馆、自习室占座

4. 请问，您认为校园不文明现象出现的原因是？

道德素质有待提高

处罚力度不够

缺乏宣传教育

缺乏监管

其他

5. 请问，您认为最能有效解决校园不文明现象的方法是？

开设大学生文明素养提升课程

学校组织校园文明的宣传活动，开展大学生自律行为教育

张贴校园文明标语

组建校园文明巡查队，对不文明行为进行相应惩罚

6. 请问，如果您看到校园一些不文明现象，您会怎么做？

既然不文明现象都存在了，我也无能为力

十分反感，但不会当场指出

会直接指出，希望其改正

会用其他方式间接提醒

7. 请问，学校禁止不文明行为的目的是什么？

提高学生们的综合素质

引导学生养成科学、健康、文明的行为举止和卫生习惯

创造干净、整洁、卫生良好的校园环境

树立良好学风、校风

8. 请问，您认为我校存在的文明行为有哪些？

尊敬师长，主动向老师同学问好

宽容礼让，同学之间不说长论短，搬弄是非

尊重他人，称谓得体，不给同学取绰号

感恩自然，爱护环境，积极参加美化校园活动

勤俭节约不浪费

节约用水、用电、注意防火，不违章使用电器，爱护消防器材

不在宿舍区内大声喧哗，寻衅滋事

9. 请您评出我校的不文明行为，选出比较严重的几项：

校园里乱扔垃圾、随地吐痰、肆意践踏草坪

校园内随处张贴、涂鸦

打架斗殴、讲粗口脏话

食堂买饭插队

攻击、造谣、骚扰、诽谤他人或集体

衣冠不整，包括衣着暴露、穿拖鞋进出公共场所

上课嬉戏打闹、吃食物、大声喧哗、看与当次课无关的书籍

10. 你认为造成不文明现象的原因有哪些？

个人文化知识水平不高

家庭教育不够

受社会环境的影响

盲目跟从不文明行为

班会第六项：深入了解文明修身的重要内涵

了解文明修身的"多个文明"：教师文明、宿舍文明、就餐文明、网络文明、言行举止文明。详细学习了解多个文明的具体内涵，使同学们对于多个文明有更深入的理解，以约束自己，提升自我文明修养。

班会第七项：全体文明宣誓

全班同学进行文明宣誓：

我是礼仪标兵，彰显礼仪文明。在家孝敬父母，在校尊敬师长。遵守社会公德，处处礼貌待人。

精诚团结互助，交往友好真诚。勇于超越自我，自尊自信笃行。大家携手共进，树立一代新风，树文明形象，展礼仪风采，做优秀学生！知荣明耻，文明守法，明礼守纪，诚实守信。做小事，管小节，拘小礼。做到"日常行为讲规范、人际交往讲礼仪、社会活动讲文明"，做一个"身心健康、人格高尚、情趣高雅、发展和谐"的学生！

班会第八项：班主任总结

通过这次主题班会，我们也有了更新的认识：文明修身主题班会的开展是非常有必要的，现在为21世纪，要培养新型人才，何为人才？"人"和"才"的组合为"人才"，既成人又成才是人才。有德无才谓之庸，有才无德谓之韧，德才兼备谓之贤。专业学习主要培养大学生的科学精神，文明修身主要培养大学生的人文精神。文明修身和专业学习同样重要，人文精神和科学精神同样重要。构建和谐社会、创设文明校园是我们当代大学生的共同责任，只有有文明的个人才会有文明的班级、团体，才会有文明的校园，才会有文明和谐的社会。

项目三　学生寝室文化建设教育活动

班会背景

寝室是大学生生活、学习、交往的主要场所，是大学生思想最活跃、最外露的存在。寝室文化对于学生的影响是一种"软环境"的体现，通过积极向上的文化建设，让学生在寝室生活的过程中，思想得到升华，行为有所规范，遵章守纪意识增强，因此，在现代学徒制职业教育中提高对寝室文化建设工作的重要性至关重要。

班会目的

1. 使学生自觉营造良好居住环境和学习环境;

2. 引导学生培养良好的生活习惯、丰富精神生活,让学生达到文明学生、优秀员工的标准;

3. 增进老师与学生的交流,深入了解学生们的思想动态,了解学生们的需要;

4. 塑造寝室、班级间积极向上、团结奋进的氛围。

班会设计(形式)

第一阶段:自主展示寝室文化

1. 同学们通过幻灯片、照片或视频表现各自寝室的寝室卫生环境;

2. 同学们对于平时寝室发生的趣事畅所欲言,展现自己的寝室生活氛围;

3. 通过班委反映各寝室的学习状态氛围。

第二阶段:畅所欲言

1. 对于寝室现存的问题,学生进行自我反思并发言;

2. 对于如何处理寝室关系进行讨论。

第三阶段:趣味游戏

1. 进行寝室间的趣味游戏,考验团体默契;

2. 表演寝室趣事情景剧。

第四阶段:畅想未来

1. 探讨寝室现存问题与不足,制定合适的解决方案;

2. 班主任做总结陈词,并对未来寝室工作提出建议。

班会准备

1. 收集同学们寝室状况的照片、视频材料;

2. 手绘"寝室文化"手抄报、黑板报;

3. 收集关于寝室关系的新闻,突出寝室文化建设的重要性;

4. 幻灯片主题内容制作、挑选主持人及撰写主持稿；

5. 提醒每位同学自带纸笔。

班会流程

1. 主持人介绍寝室文化建设主题内容；

2. 介绍本次班会背景；

3. 通过幻灯片展示同学们目前寝室卫生环境、学习氛围等状态；

4. 对于现存问题进行讨论，引发同学们的自我思考；

5. 让所有同学主动参与默契考验的小游戏；

6. 班委会讨论建立寝室文明的规章制度；

7. 班主任总结。

班会过程

班会第一项：主持人介绍班会主要内容

通过主持人的介绍，使同学们了解本次班会的主要流程及主要内容。

班会第二项：主持人介绍本次班会背景

结合实事新闻如震惊众人的"马加爵事件"等，突出寝室文化建设的重要性；结合生活实际来介绍寝室文化建设的作用，使同学们加深了解。

班会第三项：同学自我展示寝室文化

1. 卫生篇

同学们准备素材，如照片、视频等展示各自寝室的环境，突出各自寝室的优缺点。

图例2-1　寝室环境

（图片来源：襄阳职业技术学院魏先骏）

2.生活篇

图例2-2　良好寝室生活氛围

（图片来源：襄阳职业技术学院魏先骏）

同学们自主讲述寝室间发生的趣事或烦恼事，谈谈室友间的寝室生活氛围。

3. 学习篇

图例2-3 良好寝室学习氛围

（图片来源：襄阳职业技术学院魏先骏）

由学习委员、各寝室长，分析寝室中同学们的学习状况以及学习态度。

班会第四项：对于现存问题让同学们进行思考

1. 如何保持寝室干净整洁的卫生状态？

2. 如何处理室友间的关系，增进彼此友谊？

3. 如何在宿舍建设良好的学风文明，营造良好的学习氛围？

班会第五项：默契考验小游戏

图例2-4 团体小游戏

（图片来源：襄阳职业技术学院魏先骏）

1. 三人两足（三个人靠近的腿绑在一起，尽可能快速地跑，看步伐是否一致）

2. 猜词游戏（一个人表演，另一个人猜词语）

3. 障碍赛（一个蒙眼走，另一个人在旁指导，考验相互的信任度）

4. 夹球快跑（两个人背靠背夹住一个瑜伽球跑向终点，不能手扶）

通过这些考验默契的小游戏，活跃现场氛围，增加彼此感情。

班会第六项：班委会讨论建立寝室文明的规章制度

对寝室现存问题进行讨论分析，班委会与同学们共同制定相关的规章制度，并且互相监督，为同学们创造一个良好的生活学习环境。

1. 寝室整齐卫生

（1）各成员不随地吐痰、乱丢垃圾、杂物，乱倒剩饭剩菜。室内垃圾杂物应装入塑料袋，在规定时间内放在指定地点。

（2）不在墙壁上乱画乱贴，不从窗口阳台抛杂物。

（3）生活用品摆放整齐有序。

（4）宿舍整体布置和谐、美观。

（5）严格按照宿舍卫生值日表按时打扫卫生，分工明确，专人负责到位。

2. 严格遵守学校有关规章制度

（1）宿舍内禁止私拉乱接电线。

（2）节约用水、用电。

（3）保持宿舍楼内安静，不大声喧哗，不在宿舍楼内做影响他人学习和休息的活动，熄灯后绝不讲话。

（4）请假时要及时和班主任老师沟通，说清理由，并将假条交给宿管老师，不得随意离宿。

3. 养成良好的生活习惯

（1）遵守作息时间，早睡早起。

（2）上课时间不得无故在宿舍睡懒觉。

4. 奖惩制度

各宿舍成员，若在纪律、卫生、内务和安全检查中存在不合格现象（参考《文明寝室公约》），第一次予以整改规劝，第二次予以警告批评，第三次予以通报批评，并禁止在校住宿，以儆效尤。

班会第七项：班主任总结

　　班主任对整个班会做回顾总结。今天，我们专门讨论了我们的寝室文化，寝室在很多时候总是充满欢声笑语，总是让我们念念不忘；但有时候也会发生一些不开心的事情让我们烦恼。就把它当作一种学习的延续，就把它当作一种普通的人际互动，相信我们一定能够处理好这些问题。我们每一个人都是不一样的，都有我们的"过人之处"，所以就让我们带着一种向他人学习的态度、一种宽容与大度的胸怀、一种换位思考的习惯来面对我们的寝室人际关系吧。

项目四　学生时间管理教育活动

班会背景

　　研究表明，近几年来，在步入大学生活后，有70%的大学生在时间管理上存在问题，52%的学生时间价值感较差，认识不到时间的重要性和有效性。50%的学生无法有效安排自己的时间，46%的学生不能按照事情的轻重缓急合理安排时间，其中大二年级学生时间价值感最差。在现代学徒制职业教育中，开展时间管理主题班会不仅帮助在校大学生合理安排自己的大学时间，而且能够在企业工作、晋升中提供帮助。

班会目的

1. 帮助学生了解时间管理的含义、时间的重要性；
2. 学习时间管理的方法；
3. 合理、有效利用自己的时间；
4. 号召学生在校和在企业时珍惜时间。

班会设计（形式）

第一阶段：时间管理知识学习

1. 通过幻灯片了解时间管理的含义、重要性；
2. 视频展示时间管理主题的演讲。

第二阶段：

1. 通过问题引发学生思考、体验、讨论；
2. 通过情景带入让学生更加直观地了解时间管理。

第三阶段：

1. 时间管理小游戏；
2. 情景表演：模仿室友的一天；
3. 学习时间管理方法；
4. 调查问卷了解学生对时间管理的倾向。

第四阶段：班主任总结。

班会准备

1. 收集有关时间管理的知识、调查问卷、游戏等材料；
2. 手绘"时间管理"手抄报、黑板报；
3. 准备以"时间管理"为主题的视频；
4. 幻灯片主题内容制作、挑选主持人及撰写主持稿；
5. 提醒每位同学自带纸笔。

班会流程

1. 主持人播放视频，引入时间管理主题；
2. 介绍本次班会背景；
3. 通过幻灯片学习时间管理知识；
4. 引入问题、通过情景带入引发同学们思考；
5. 情景表演，现场还原室友的一天；
6. 时间管理的小游戏，使所有同学主动参与；

7. 学习时间管理方法；

8. 调查问卷；

9. 班主任总结。

班会过程

班会第一项：主持人引入相声视频

岳云鹏时间管理相声.mp4

班会第二项：主持人介绍本次班会背景

班会第三项：介绍时间管理相关知识

1. 什么是时间管理？

时间管理是指通过事先规划和运用一定的技巧、方法与工具实现对时间的灵活有效运用，从而实现个人或组织的既定目标的过程。19世纪意大利经济学家帕累托提出的"帕累托原则"，其主要内容是：生活中80%的结果几乎源于20%的活动，因此，我们要把注意力放在20%的关键事情上。何谓时间管理，就是在最短的时间或预定的时间内，有序、高效地完成目标或学习任务。

2. 如何进行时间管理？

（1）自我检查：

我是否记不清一天都做了什么？

我是否时常难以按规定时间起床、上课？

我是否经常会忘记接下去要做的事情？

我是否对某些的简单事情需要花费更多的时间？

（2）时间管理三部曲：

利用一天来记录、诊断自己对时间的运用的状况。

制定目标并拟定计划，使时间的应用更加高效。

执行计划，对时间浪费的因素和原因进行分析。

（3）观看时间管理演讲视频。

班会第四项：引入问题、通过情景带入引发同学们思考

1. 班会主题导入：

（1）结合在校生活，想想我们时间都浪费在哪里了？

（2）我们一天当中可以利用的零碎时间有哪些？

（3）找出自己在时间管理上的优点和缺点。

2. 情景带入：

湖北某建筑公司对1000名高校应届毕业生就业前对时间管理能力的测试：

如果你是一个从事建筑行业的中层管理者，早晨8：00上班，中午休息2小时，晚上18：00下班。今天需要处理七件事情：

（1）处理当天紧急事情，1小时；

（2）处理客户投诉，3小时；

（3）召集员工开会讨论下一步工作，2小时；

（4）向公司总监汇报工作，1小时；

（5）和部门同事一起吃饭，1小时；

（6）编写本年度工作总结、下一年度工作方案，3—4天；

（7）处理前一天未完成的工作，1小时。

思考：请写出你一天的工作流程安排。

班会第五项：情景表演展示室友的一天

同学A模仿同学B 早上6：30"乐跑"的闹钟响了，同学B习惯性把闹钟按掉，继续睡觉，丝毫没有起床跑步的念头。在室友们都洗漱差不多准备出发的时候，同学B的闹钟在7：40准时响了，这时候同学B匆忙地起床，洗漱，从宿舍出发。走在路上眼看时间已经临近8：00，心想今天又离班主任要求的到教室的时间要晚两三分钟。今天的课程同学B丝毫不感兴趣，困意逐渐袭来，趁着老师没注意偷偷地跑到最后一排闭目养神。时间终于快到放学，这时同学B心想一会下课的时候食堂人肯定很多，不如现在点个外卖，到宿舍以后就可以直接吃饭了。一想到下午没课,同学B就不由自主地开心起来。吃完午饭后,同学B玩了两把游戏就倒头大睡,一觉起来发现已经晚上7:00,填饱肚子后开始沉浸在游戏世界。等到晚上12:00室友都睡着后,同学B上床继续刷了会短视频,眼看着已经夜里两点,同学B突然想起老师布置的作业还没写,再加上班主任要求的"乐跑"也只跑了一次,心想赶紧准备睡觉,定了明天6:30的闹钟准备起床跑步。

同学C模仿同学D 早上6:30"乐跑"的闹钟准时响起,同学D准时起床洗漱,出宿舍之前同学D看了眼手机,这周的乐跑只差今天这一次就跑满七次了,看着远远高于其他同学的乐跑次数,同学D就感到满满的成就感。花了半个小时跑完步后,同学D路过食堂吃了几个热腾腾的包子喝了一碗热粥回到宿舍收拾今天上课的书本。7:30从宿舍出发,到教室已经是7:40了,同学D拿出昨天老师讲的知识点,认真回顾了十五分钟,将近早上8:00了,同学、老师陆陆续续都到教室了,今天的课程同学D在课余时间早已掌握,所以他在和老师沟通后,拿出专升本的英语词汇书给自己制定了30个英语单词任务,在上午下课之前同学D顺利完成了给自己制定的英语单词计划。在下课之后,跟随室友一起到食堂吃饭,食堂人很多,同学们有说有笑的,今天上午学习的疲惫也烟消云散了。下午2:00的午休闹钟准时响起,同学D起床后先回顾了今天上午学习的单词,然后又开始对自己薄弱的课程CAD(计算机辅助设计)进行练习。在高效地完成两个小时学习任务后,同学D打开了游戏看起了游戏直播。吃完晚饭后,室友都约着一起开黑(玩游戏时可以语音或面对面交流),同学D也参与了进来,在玩到晚上10:00后,同学D关闭了游戏,开始对明天所学的课程进行预习,在一个小时后上床睡觉,迎接第二天的到来。

班主任评语:两名同学分别以不同的方式度过了一天,虽然大家一天的时间长度都是一样的,但是这一天做的事情完全不同。我们晚上躺在床上可以静静地思考,今天一天你经历了什么,哪些时间是你应该利用起来的,哪些时间是你完全浪费了的。大学时光转瞬即逝,把每分每秒利用起来,才会形成量变到质变的转换。时间对于我们每个人来说都是绝对公平的,关键是我们如何去利用他们做很多有意义的事情。

班会第六项：时间管理小游戏

1. 时间馅饼

（1）按照班级人数将同学们分为若干小组，估算自己一天中各项所占时间，并按比例对圆圈加以分割；

（2）小组成员报告自己的时间分配表，与其他同学进行比较，在小组内讨论；

（3）小组成员一起讨论，绘制一张理想的"时间馅饼"。

讨论完成后进行思考，在理想的时间馅饼中，哪些是你的生活重心，你希望把时间更多地花在哪个地方，又希望把减少的时间花在哪里？能否采取行动及如何采取行动改变你所绘制的时间馅饼，使他更接近理想中的时间馅饼。

2. 过去现在未来

当我刚上大学生时	兴趣	
	问题	
	希望	
我现在的生活	兴趣	
	问题	
	希望	
十年后的情形	兴趣	
	问题	
	希望	

每位同学填写人生计划表，填写完成后相互讨论。

班会第七项：学习时间管理方法

1. 目前最流行的时间管理方法为四象限法，按照方法可将事务分为：

第一象限：重要又紧急（必须立即要做的事情）

第二象限：重要但不紧急（稍后需要做的事情）

第三象限：紧急但不重要（可以推迟做的事情）

第四象限：不紧急也不重要（可以完全不做的事情）

主持人：同学们通过学习这个方法，可以回顾情景带入时我们的答案，是否需要修改，同时也可以思考，按照这个方法你一天中的事务可以分为哪些？

2. 学会利用零碎的时间

零碎的时间看起来好像不太重要，但是如果能把这些时间利用起来，积少成多，化整为零同样也可以做很多事情。比如说早上洗漱的时候大脑能不能回顾昨天学习的东西，吃饭的时候想想今天老师讲的知识哪些还没了解透彻，晚上睡觉前对今天一天进行回顾等。

3. 随时修改时间管理状况

如果在前期制订了难以执行的计划，可根据自身时间管理方法，发现问题后及时调整。

班会第八项：大学生时间管理倾向调查问卷

序号	题目	全不符合	较不符合	较符合	确定
1	我认为我在课外学习活动上时间分配合理				
2	我会把大量时间放在重要事情上				
3	我认为我的时间安排是有效的				
4	我认为自己并非虚度光阴				
5	我每天给自己制订一个学习目标				
6	我大部分课余时间在上网聊天、打游戏				
7	无论做什么事情我都有近期的计划和远期的目标				
8	我不善于管理时间				

9	布置的学习任务我总是最后一个完成			
10	我认为目前赚钱比学习更重要			
11	我认为我的时间可以有效利用			
12	我经常对自己的利用时间的情况进行汇总			
13	我经常没课的时候在寝室睡觉、打游戏、追剧			
14	我课余时间大部分在图书馆			

班会第九项：班主任总结

同学们，今天我们学习了什么是时间管理，时间管理的重要性，制定科学有效的时间管理计划是我们取得成功的重要保证。我们通过制订时间管理计划来培养学习、生活能力，以更好地适应新时代社会的发展。让我们只争朝夕，不负时代，不负韶华！

项目五 学生劳动教育活动

班会背景

劳动教育是践行社会主义核心价值观的重要手段。全社会都要以辛勤劳动为荣、以好逸恶劳为耻，任何时候都不能看不起普通劳动者，都不能贪图不劳而获的生活。新时代强化劳动的育人功能，必须从培养社会主义建设者和接班人的高度充分认识劳动教育的政治意义、历史意义、社会意义，把劳动教育作为培育和践行社会主义核心价值观的重要手段。在现代学徒制职业教育中，学生既是学校的学生，又是企业的员工，引导广大学生在学校、企业的学习生活中崇尚劳动价值、追求劳动创造、尊重劳动人民。

班会目的

1. 引导同学们了解现代学徒制教学模式下劳动教育的重要性以及认清其意义；

2. 为学生建构良好的劳动观念，建立在学校和企业里热爱劳动的思想；

3. 为学生以后的技能学习以及将来的就业打下良好的基础。

班会设计（形式）

第一阶段：

  1. 结合实际背景引入劳动教育的主题；

  2. 播放先进劳动模范的视频为学生展示劳动榜样先锋。

第二阶段：

  1. 通过现实生活讨论劳动者在我们生活中所起的作用；

  2. 选出班级、企业劳动模范进行宣传表扬并呼吁同学们向其学习。

第三阶段：

  1. 学习基本的劳动知识与劳动技能；

  2. 开展劳动实践，组织同学们亲自参加劳动实践过程，按要求完成任务；

  3. 教师对劳动实践活动进行点评。

第四阶段：班主任总结。

班会准备

1. 主持人做好班会开展准备工作；

2. 收集好需要播放的相关劳动模范事迹的视频资料等；

3. 做好劳动教育主题班会的幻灯片以及相应材料；

4. 提醒同学们做好劳动实践的准备，携带相关工具。

班会流程

1. 主持人做劳动教育主题班会的开场白，突出劳动教育的重要意义；
2. 播放关于劳动模范事迹的视频，引入主题；
3. 组织同学们对于生活中的劳动者的相关事迹进行发言，讨论劳动对于社会生活的意义；
4. 对于班级内积极劳动的同学进行宣传表扬；
5. 班主任布置相关劳动实践活动，组织同学们按要求完成；
6. 点评劳动实践活动，对于存在的问题进行指正；
7. 班主任总结。

班会过程

班会第一项：主持人开场

中华优秀传统文化对劳动和劳动人民的赞美是中华民族热爱劳动的生动体现。"锄禾日当午，汗滴禾下土"直观地表达出劳动人民的辛苦与勤劳。文化反映现实，也指引现实。在文化的指引下，中华民族的劳动精神和劳动传统代代相传，生生不息。马克思主义劳动价值论和中华优秀传统文化中的劳动观点在新的时代条件下得到创造性转化和创新性发展。"劳动最光荣、劳动最崇高、劳动最伟大、劳动最美丽"的劳动观念，"辛勤劳动、诚实劳动、创造性劳动"的劳动教育已经深入人心。

在现代学徒制制度下，在校园、企业劳动可以说是一件司空见惯的事情。为构建德智体美劳"五育并举"人才培养体系，学校建立了"寝室—班级—学院—企业—社区"五位一体的劳动实践育人机制。在校园里，清洁卫生的劳动是不可避免的。不管打扫校园、图书馆、教师办公室、教室、学生宿舍等，这都是学生们习以为常的劳动。有句话说："不扫一屋，何以扫天下。"可见从小事做起，才能做好大事，劳动也如此。加强大学生劳动教育是实现学生个人全面发展的需要。德智体美劳不仅是对教育体系的顶层设计，也是学生个人全面发展的框架支撑，其中劳动教育有其自身的价值意蕴。一方面，加强劳动教育，不仅是为了让学生体味艰辛、强健体魄，更是让学生在劳动中接受锤炼，进而养成良好的劳动习惯和正确的劳动观念；另一方面，学生在企业里，劳动教育与德智体美教育密不可分，它既是学生成长的重要途径，也是学校加快培育知识型、技能型、创新型高素质技能技术人才的重要载体。

班会第二项：介绍先进劳动模范，引入主题

张定宇：武汉市金银潭医院是防疫定点医院，收治病人全部为重症和危重症患者，是抗击疫情的最前线。身为院长的张定宇日夜坚守，果断决策，处理得当，带领全体医护人员，为抗击疫情做出重要贡献。

张桂梅：2000年，在云南儿童之家工作的张桂梅看到了很多农村贫困家庭的不幸，她希望创办一所免费女子高中，彻底解决山区贫困问题。2008年，华坪女子高级中学成立，这是全国唯一一所免费女高，专门供贫困家庭的女孩读书。

陈陆：2020年夏季，安徽省庐江县遭遇百年一遇的洪灾。7月22日，约6500人被洪水围困，情况危急。当日，安徽省庐江县消防救援大队政治指导员陈陆带领大队深入5个乡镇连续奋战，成功转移2665人。在救援过程中，突破口突然扩大，救援队的橡皮艇卷入急流漩涡翻覆。36岁的陈陆英勇牺牲。

万佐成，熊庚香：打造爱心厨房温暖无数人。万佐成和熊庚香是一对住在江西南昌的普通夫妻。他们年过六旬，在江西省肿瘤医院附近经营一间露天厨房。自2003年以来，它也一直是一个共同的"癌症厨房"。万佐成和妻子买了10多套厨具和煤球炉。有时，每天有近300人来做饭。因为设备是大家共用的，所以这个厨房被亲切地称为"抗癌厨房"。

谢军：北斗三号总设计师。1982年，谢军大学毕业后投身航天事业。他参与了东方红二号通信卫星、风云二号气象卫星、海洋二号卫星等国家重大航天工程，用3年多时间使北斗卫星使用上了自主研制的精密原子钟。2004年，谢军任北斗二号导航卫星总设计师。

班会第三项：同学发言讨论

同学们讨论并自主发言，讲述生活中的劳动者。比如我们最熟知的清洁工人、外卖小哥、警察、社区工作人员、消防员等等，通过对这些劳动者的了解，探讨劳动对于社会的意义。

在企业学习中，通过学校、企业深度合作，教师、师傅联合教授，现代学徒制更加注重技能的传承，学生既是生产工具的制造者又是使用者，其生产经验、劳动技能和科学文化的不断增长，推动生产力不断发展。

班会第四项：宣传班内劳动模范学生

通过学生推举与班主任自己评价，在班级内部评选出几个先进的劳动模范同学，进行优秀事迹宣传与表扬，并呼吁同学们相互学习，在班级内营造良好的热爱劳动的氛围。

班会第五项：学生进行劳动实践

班主任布置相关任务与要求，督促同学们认真完成劳动实践。

图例2-5　班级大扫除

（图片来源：襄阳职业技术学院魏先骏）

教室清洁标准：

1.灯管、电扇干净整洁无蛛网；

2. 墙面干净，窗户、窗台无污点，门无斑迹、蛛网；

3. 地面干净卫生，无卫生死角；

4. 卫生工具等物品摆放有序、整齐；

5. 黑板、讲台整洁，无杂物；

6. 课桌前后左右对齐，各大组之间间隔均匀；

7. 桌子内部整齐摆放，桌面整洁，课本及学习用具摆放有序。

办公室清洁标准：

1. 地面无尘土、水迹、纸屑等杂物；

2. 办公桌面纸张、文件摆放整齐，物品无灰尘；

3. 办公室整体要求整洁、明亮，不得有异物、异味。

班会第六项：班主任评价劳动实践活动

班主任对同学们的劳动表现进行评价，并根据卫生标准对劳动成果进行检查，对于存在的问题或不足提出改进建议。

班会第七项：班主任总结

中华民族是热爱劳动的民族，中国人民是勤劳的人民。中国人民用劳动创造了厚重的中华历史和灿烂的中华文化。回望历史，万里长城、都江堰、大运河、兵马俑、四大发明，一个个载入史册的中国奇迹都蕴含着劳动人民的智慧和汗水。在当代，无数劳动者投身祖国建设大潮，从经济特区建设到西部大开发、东北老工业基地振兴，从一部分人先富起来到全面建成小康社会，中国人民用劳动使中国的面貌焕然一新。一批批优秀的劳动者虽然所处时代不同、岗位不同，但是他们身上所展现出来的"爱岗敬业、争创一流、艰苦奋斗、勇于创新、淡泊名利、甘于奉献"的劳模精神都绽放着同样的光彩。

雷锋说："不经风雨，长不成大树；不经过百炼，难以成钢。"在劳动过程中磨炼坚强意志，在劳动实践过程中培养良好的道德品质，在劳动实践活动中丰富知识和发展创造思维，在劳动实践中学习为人民服务的本领。希望同学们树立热爱劳动的观念，养成良好的劳动习惯和劳动态度，将来必然能成为一个德技双全的有用人才。

项目六　学生体质提升教育活动

班会背景

随着现代化的不断深入，社会竞争更为激烈，在面对高效率、快节奏的学习生活和日益复杂的人际关系等问题上，处于社会临界点的高校学生的心理压力越来越大，身体健康状况也日益引起人们的关注。有关调查数据显示：学生平均每天上网的时间为3至4小时，其中大部分时间被花费在聊天、看视频等与学习无关的事情上。学生上网时间的增加使体育锻炼时间缩短，从而导致学生体质下降。"少年强则国强"，在现代学徒制职业教育中如何使大学生积极参加体育锻炼增强体质已成为职业教育的热点话题。

班会目的

1. 通过班会增加学生参加体育锻炼的意识及了解体育锻炼的重要性；
2. 让学生了解参加体育活动的好处，积极主动地参与校园、企业的体育锻炼；
3. 激发学生对于体育的热情，引导学生坚持强身健体；
4. 鼓励学生提高自己的体能素质和体育技能，为未来奠定扎实的基础。

班会设计（形式）

第一阶段：
1. 通过幻灯片了解体育锻炼的意义及重要性；
2. 视频展示各类运动，激发学生热情。

第二阶段：
1. 通过调查问卷的方式了解学生的锻炼情况；
2. 学生交流讨论正确的体育锻炼方法以及体育锻炼的好处。

第三阶段：

  1.组织进行运动小游戏；

  2.班级齐做广播体操。

第四阶段：班主任总结。

班会准备

1.收集体育锻炼、运动项目等视频或照片资料；

2.准备一些与运动相关的团体互动小游戏；

3.幻灯片主题内容制作、挑选主持人及撰写主持稿；

4.提前沟通运动场地的使用，确保活动正常开展。

班会流程

1.主持人播放视频引入主题并介绍班会背景；

2.通过调查问卷了解学生体育锻炼情况；

3.学生交流讨论运动的方式以及带来的好处；

4.组织团体互动的运动小游戏使所有同学主动参与；

5.全体同学齐做广播体操；

6.班主任总结。

班会过程

班会第一项：主持人通过视频引入主题，介绍背景

  主持人播放关于体育运动项目的视频，使同学们对体育锻炼的方式有更多的认识，并且可以激发同学们的运动热情。

  接着主持人进行主题班会的背景介绍：近年来，高校大学生的身体健康出现不同程度的问题，情况堪忧。通过调查问卷、抽样调查等方式，对高校大学生当前的身体健康状况有了初步的了解，对各地区高校的大学生基本身体健康状态进行了总结，发现相比于以前的调查数据，当今的高校大学生的体质正处于下降状态。在基本身体形态的调查研究中发现，我国高校大学生的平均视力偏低,心肺功能和身体耐力都需要得到进一步的提高。在对身体基本素质进行的测试中发现,学生的耐力都较差,甚至很多学生无法顺利完成测试。此次的调查结果显示,我国高校大学生的体质健康状况不容乐观。因此,使青少年学生积极参加体育锻炼增强体质已成为社会热点问题。

班会第二项:调查问卷

通过调查问卷的方式,了解学生们平时的锻炼方式以及锻炼频率。

第一部分

1.你的性别
男（ ）
女（ ）
2.年级
大一（ ）
大二（ ）
大三（ ）
第二部分
1.你最想参加的体育活动是（列举三项）
2.你参加体育活动的频率是
几乎每天（ ）
每隔两三天（ ）
每隔四五天（ ）
一周左右（ ）
3.你一般喜欢在什么时候锻炼
清晨（ ）
下午（ ）
傍晚（ ）
晚上（ ）

4. 每次锻炼多久
30分钟左右（ ）
30分钟—60分钟（ ）
超过一个小时（ ）
视情况而定（ ）
5. 你一般会在哪里进行体育锻炼
校体育馆内（ ）
校露天体育设施（ ）
私人体育锻炼场地（ ）
社会公共资源（ ）
6. 你是否有自己的体育锻炼计划
有，且执行得很好（ ）
有，但坚持不了（ ）
想过，但没行动（ ）
没有，也没想过（ ）
7. 你了解多少自己喜欢的体育运动
准专业级（ ）
了解很多（ ）
了解一点点（ ）
不了解（ ）
没必要了解（ ）
8. 进行锻炼时
独自一人（ ）
和他人一起（ ）
视情况而定（ ）
9. 哪些因素会限制你进行锻炼

场地设施（ ）
时间（ ）
天气（ ）
同伴（ ）
其他（ ）
10. 你为什么要参加体育运动
强身健体（ ）
减肥塑身（ ）
纯属娱乐（ ）
出于习惯（ ）
放松身心（ ）
应付大学体育（ ）
11. 你对学校及周围的体育资源满意吗
满意（ ）
一般（ ）
不满意（ ）
无所谓（ ）
12. 你觉得体育锻炼是否重要
很重要（ ）
重要（ ）
一般（ ）
不重要（ ）
13. 你觉得体育锻炼是否改善你的身体状况
有明显效果（ ）
有点效果（ ）
不明显（ ）

14. 你觉得体育锻炼是否促进了你的学习与工作
是（ ）
否（ ）
不明显（ ）
15. 若学校打算改善校内体育设施及管理，你有什么意见

班会第三项：学生交流讨论锻炼方式以及好处

学生间互相交流讨论自己平时的运动锻炼方式，如跑步、打篮球、踢足球、打羽毛球、跳绳等活动，并且总结发言，阐述运动锻炼带来的好处。

体育锻炼对于学生生理上的好处：第一，体育锻炼能够使身体机能有一定的增强，能够促进学生的成长发育，增强免疫能力，有效调节身体的各项机能，提高身体适应环境的能力。第二，能够降低学生在成年后罹患心脏病、高血压、糖尿病等高发病症的概率。第三，参加体育锻炼有助于形成良好的体魄，塑造优美的形体。第四，体育锻炼对于人体神经系统的调节功能有一定的改善作用，能够提高神经系统对纷杂变化的判断能力。

体育锻炼对于学生心理上的好处：第一，通过参加体育锻炼能够缓解学生的紧张情绪，从而进一步改善其心理和生理状态。第二，能够促进睡眠质量，消除读书及就业问题带来的压力。第三，通过参加体育锻炼，可以有效地陶冶学生们的情操，促使学生保持健康良好的心态，充分发挥自身的主观能动性和创造能力，使得其个性能够健康和谐发展。第五，体育活动中很多集体项目和竞赛活动，可以培养学生们的团结互助精神以及集体主义精神。

班会第四项：开展团体互动运动小游戏

通过在班级内进行团体小游戏，不仅可以活跃氛围，也可以调动同学们运动的积极性。

1. 踩气球：活跃气氛，增进协调性和协作能力

要求：人数为十名，男女各半，一男一女组成一组，共五组。

游戏规则：左右脚捆绑三至四个气球，在活动开始后，各组之间互相踩对方的气球，并保持自己的气球不破，破的最少的组胜出。

2. 贴人游戏

游戏规则：大家分站为两个大圈，都面向内。圈外之人相当于鼠，圈内之人相当于猫，猫要想法捉住老鼠，但不可跑出圈外；而鼠则在大圈外跑动，并在适当时机迅速地钻到圈内，并贴靠在站成一圈的任何一人的正前面，那么原鼠后面的人便成了新鼠。若原鼠未来得及贴靠即被抓住，则鼠猫的身份互换；若原鼠身后的人未来得及反应即被抓，则被抓之人便要在圈内以猫的身份玩了。

3. 抢椅子游戏

游戏规则：游戏用的椅子的数量要比参加游戏的人的数量少一两把。大家围着椅子转圈儿，由一人在旁边喊"停"，"停"字一出口，大家就争抢着坐椅子，没有坐到椅子的人被淘汰出局，同时带走一把椅子，这样人与椅子渐渐减少，最后只剩两个人抢一把椅子；大家围着椅子转圈儿时，或一起唱歌，或放背景音乐。

班会第五项：齐做广播体操

广播操是根据不同年龄学生的生理特点进行编排的，十几分钟的广播体操，可以提高神经系统的调节功能、可以帮助人体得到更多的氧气并且能够培养身体的良好姿态。通过齐做广播体操的方式，鼓励同学们多进行强身健体的体育活动，提升自己的身体素质。

班会第六项：班主任总结

好的身体是保持健康生活的最基本的条件，学生体质是国家建设和社会发展的物质基础，是国家的宝贵财富，一个国家要想在未来世界的竞争中脱颖而出，就必须从整体上提高青少年学生的身体素质。

生命在于运动，此次班会活动为的是让大家能更了解运动的好处，让大家沉浸在运动的乐趣中，学习那些积极运动的同学的精神，也为健康生活打下基础。如何让同学们从少运动，甚至是不运动的状态下走出来呢？我们班做了运动与健康的宣传视频，以及定期组织同学们进行这样的一个活动。一个人的一辈子什么最重要？当然是健康。过去的班会活动同学们都感受颇深，感受到健康、运动的重要。

看着同学们那种认真的态度，我相信，运动并不是仅仅说说而已，我们会用实际行动去做，让健康永远伴随着我们，生命是真的在于运动的！

项目七　学生美学教育活动

班会背景

美育是审美教学与美感教学的结合，通过教育提升人们认识美、理解美、欣赏美、创作美的能力，是新时代培养德智体美劳全面发展的社会主义建设者和接班人的重要着力点，在"立德树人"方面发挥着独特的、不可替代的作用。

我国社会主义学校的美育是为建设社会主义精神文明和培养学生心灵美、行为美服务的。通过美育可以促进学生的德、智、体的发展。它可以提高学生的思想，培养学生的道德情操；它可以丰富学生的知识，发展学生的智力；它可以改善人们的身心健康，提高体育运动的质量；它可以鼓舞学生热爱劳动、热爱劳动人民，并进行创造性的劳动。

班会目的

1. 丰富学校的文化精神生活，激起学生的情绪体验，有助于培养高尚情操；

2. 使学生具有理解和善于欣赏现实美和艺术美的知识与能力，形成他们对于美和艺术的爱好；

3. 发展学生的观察能力、想象能力、形象思维能力和创造能力；

4. 提高学生的道德情操，促进学生的健康发展。

班会设计（形式）

第一阶段：了解审美教育

　　1. 介绍审美教育的内涵：知美、情美、艺美、行美；

    2. 了解审美教育的意义。

第二阶段：以美载德，潜移默化

    1. 情感美育；

    2. 行为美育；

    3. 艺术美育。

第三阶段：探讨美育

    1. 同学间相互分享关于美的艺术，讲述自身对于"美"的理解；

    2. 探讨身边美好的品德、行为以及事物；

    3. 营造班级关于"美"的文化。

第四阶段：班主任总结。

班会准备

1. 收集有关审美教育的资料；

2. 分小组安排同学准备艺术分享材料；

3. 幻灯片主题内容制作、挑选主持人及撰写主持稿。

班会流程

1. 主持人开场，讲解班会背景；

2. 介绍审美教育的背景；

3. 学习审美教育的内涵；

4. 展开关于"美"的分享及讨论；

5. 制定相关制度，营造班级"美"文化；

6. 班主任总结。

班会过程

班会第一项：主持人开场，讲解班会背景

契诃夫说："人的一切：外貌、衣裳、思想、心灵都应该是美的。"而美育正是培养人们热爱美、追求美、创造美的最佳途径。美育也称美感教育或审

美教育，它不是一般的知识教育，而是一种与美的感动相结合的有教育作用的活动。具体地说是培养学生正确的审美观和感受美、鉴赏美、表现美、创造美的能力的教育。

学校美育虽然不是一种知识教育，但是却是一种能力教育，它在培养学生对美的认识和感受能力、表现和创造能力以及正确的审美观方面有着不可替代的作用。古今中外的许多教育家、思想家、美学家的言行都充分证明了这一点。而近几年来，许多有识之士对重知识而轻能力的教育观的否定也对我们该如何对待美育有极大的启示，特别是如今坚定地把应试教育转向素质教育更证明了学校美育不仅仅是一两节美术课、音乐课，也不是个别学科的简单渗透所能替代的，而应该作为一门与德、智、体、劳既有联系而又相对独立的重要课程。加强学校美育势在必行。

班会第二项：介绍审美教育

美育实践和美育意识，古已有之。在中国，刚刚摆脱原始氏族社会的野蛮状态而进入古代文明的西周奴隶制社会，便有周公"制礼作乐"，礼是伦理关系的规范、仪式，乐是包括诗、歌、舞在内的综合体艺术，礼乐结合，既是治理国家的法律制度，又是进行教育的方式。

到春秋末期的孔子，把教育从国家政治生活中独立出来，创立了古代教育体系。他以"六艺"——礼、乐、书、数、射、御教授弟子。乐，实际上就是专门的美育课。孔子结合音乐、诗歌、舞蹈等艺术部类发扬了他的美育思想，奠定了中国古代美育的思想基础，并在一两千年的封建社会中形成了中国的美育传统。

在西方，也是从奴隶社会开始就产生了卓越的美育思想。古希腊的哲人苏格拉底、柏拉图、亚里士多德等，都规定教育的内容不仅要有哲学、科学、道德、体育，而且要有美育，认为音乐和诗歌能提高认识、陶冶性情、振奋精神。这些基本观点，成为西方古代美育传统的思想基础，产生了深远的影响。

而在现代，我国社会主义学校的美育是为建设社会主义精神文明和培养学生心灵美、行为美服务的。通过美育可以促进学生的德、智、体的全面发展。它可以提高学生的思想，培养学生的道德情操；它可以丰富学生的知识，发展学生的智力；它可以增进人们的身心健康，提高体育运动的质量；它可以鼓舞学生热爱劳动、热爱劳动人民，并进行创造性的劳动。

班会第三项：学习审美教育的内涵

1. 情美——情感美育

审美教育离不开情感，它必须通过动之以情来实施，并且情感活动贯穿于美育的全过程。但是情感活动渗透于人们生活的方方面面，并不局限于审美和艺术活动，情感教育覆盖领域远大于美育，二者不是同义语；美育的心理机制和结构也不局限于情感活动的活跃，其实际的审美效应也并不单纯表现为情感的满足；美育所激发的审美情感不同于日常生活中的一般情感，因为它是认识、评价等理性因素与情感、想象力等感性因素和谐展开的整体心理过程形成的一种审美愉快。

"美感帮助学生认识个人的道德尊严，净化自己的心灵，培养道德信念"。这些都说明，美育可以陶冶人的情感，培养高尚的道德情操，为道德行为提供内在的情感动力。美育是审美教育，也是情操教育和心灵教育，不仅能提升人的审美素养，还能潜移默化地影响人的情感、趣味、气质、胸襟，激励人的精神，温润人的心灵，使得学生们能正确认识什么是美的情感，在生活中培养美的情感。

2. 行美——行为美育

行为美是受到社会舆论的肯定和赞扬的行为，行为美注重的是人在社会人际关系交往中体现伦理意义的内容。行为美要求既美且善，凡是有益于人民，有助于历史发展，充分体现社会进步倾向的行为，都可称之为行为美，是心灵美的表现。

而高校是为国家培养人才的场所，是建设社会主义精神文明的阵地，应当成为全社会讲文明、讲礼貌的楷模之地。规范学生的行为不仅有助于促进良好风气的形成，而且有利于青年学生的优良品德的培养。高职学生整体状况是积极、健康、向上的，与高中生相比，他们勇于探索，喜欢接受新鲜事物，与本科生相比，他们对事物判断的理性分析有待加强。在市场经济开放的大环境下，受功利思维等因素的影响，许多高职学生出现心浮气躁、急功近利的现象，部分学生把高职学习生涯仅仅作为掌握专业谋生技能的途径，不注重自身审美素养的提升。这导致了许多高职院校学生审美素养差，甚至对大是大非的判断出现偏差。学习上，旷课逃课、抄袭作业、考试作弊现象屡见不鲜，有的甚至因为多门功课不及格而被迫退学；生活上，沉迷网络，贪图享受，宿舍脏乱，衣冠不整，待人接物缺乏常识；精神上，空虚无聊，意志脆弱，信念缺失。诸如此类的不良行为习惯在大学生中普遍存在，且有滋生蔓延之势，如不及时加以遏止，学生们的思想意识都会受到影响。因此，创造优质的育人环境，纠正大学生的不良行为，进行行为美育已成为大学教育首要的任务。

3. 艺美——艺术美育

艺术教育诚然是美育最重要的方面，包括对自然和社会审美现象的鉴赏，如蔡元培所说："名山大川，人人得而游览；夕阳明月，人人得而赏玩；公园的造像，美术馆的图画，人人得而畅观。"美育能陶冶人的性灵，丰富、发展人的情感，培养人们的审美鉴赏力和创造力，促进德育和智育的实施和发展。

而现在高校中有些学生只会看计算机编程语言，却不懂得感受中外名曲、名画之美，有些学生只对专业知识感兴趣，而对文学、历史、哲学等缺乏基本常识。通过艺术作品可以感受到开心、快乐或者其他有意义的情感，使学生更好地认识生活，感受生活的美好并且热爱生活，陶冶情操、抒发感情，并且还能帮助大学生更好地对其他课程进行消化和理解。因此，把学生的情感和艺术作品有效地结合起来，让学生能真正地感受到艺术之美，实现美育的教学目标，使学生净化心灵、崇尚艺术，进而实现大学生的人生观和审美观的更好发展。

班会第四项：探讨美的理解

1. 分享艺术作品

同学们把提前准备的分享资料进行分析，包括艺术画作、音乐作品、摄影作品等等，在艺术鉴赏过程中，感觉、知觉、表象、思维、情感、联想和想象等心理因素都异常活跃。通过艺术作品分享，它能满足同学们的审美需要，提高鉴赏者的审美能力；提高他们的思想，陶冶他们的情操；还能开发人们的智力，增加智慧，拓宽认识；是一种积极的娱乐方式，能娱情怡神，促进同学们的身心健康发展。

2. 畅谈身边美的行为和事物

同学们对生活中、校园中的美好事物进行分享。包括校园里美的自然风景与人文风景，以及身边发生的动人的故事等。通过分享身边的"美"，为同学们树立了正确的审美，不随波逐流、不崇洋媚外，能够拥抱美好的事物，热爱生活，关爱自然。提高自身的道德文化修养，陶冶自身情操，不断完善自我。

图例2-6 学生讨论交流

（图片来源：襄阳职业技术学院魏先骏）

班会第五项：制定准则，营造班级"美"文化

1. 美在班级，潜移默化

班主任要经常教育学生保持学习与生活环境的整洁，美化环境，充分发掘和品味自己生活空间的美丽，教育学生学会时时打扫自己的心理卫生，揩拭心灵，摒弃消极情绪，营造良好的心境。

2. 美在规范，教育感化

将规范要求以美的形式呈现，严格遵守学校的各项行为准则，使得道德在学生的心目中扎根，使学校德育渗透到学生心灵的深处。

3. 美在活动，催人奋进

通过开展多种多样的活动，如读书交流分享会、摄影作品展等，采用生动活泼的手段，达到以德感人、以美感人的目标，让德、美像春风化雨般潜移默化，实现事事、处处、时时的目的。

班会第六项：班主任总结

同学们，审美能力是人才的基本素质之一，是通向成功之路的桥梁，更是大学生自我发展的需要。一个人的审美素质，是其思想意识、道德情操、价值观念复合的集中体现。高尚健全的审美素质，关系到一个人的健康成长。当代大学生只有具备高尚健全的审美素质，才能成为全面发展的、完美的、对社会有用的人才。其实审美，就是一种精神与心智的活动，是主体的主动参与和全身心的投入，只要同学们能不断发现身边的美，在潜移默化中也就提升了对美的感受力、鉴赏力、创造力及自我完善的能力，在日常生活中也会体验美好、体验成功、体验快乐。

项目八　学生科技创新教育活动

班会背景

我们生活在飞速发展的时代，曾经的夸父追日、嫦娥奔月都已经变为现实。纵观历史，人类就是在不断创新中进步，中国的四大发明，英国的工业革命等，每一次的科技创新带来的社会变革都给人类社会带来了巨大改变。在今天，科学技术是第一生产力，科学技术日益渗透到经济建设和人类进步的各个领域，科技创新是一个国家和民族发展的不竭动力。在现代学徒制职业教育中开展科技创新主题班会，培养大学生科技创新意识、创新精神以及创新能力是科技兴国的重要前提。

班会目的

1. 了解中国现代科技成果和中国科学家的伟大贡献；

2. 了解大学生挑战杯；

3. 激发学习兴趣、培养创新精神、提高学生综合素质。

班会设计（形式）

第一阶段：科技创新知识学习

　　通过幻灯片了解科技创新的含义、意义。

第二阶段：

　　1. 了解中国的科学成果、科学家的故事；

　　2. 简单介绍大学生挑战杯。

第三阶段：

　　1. 如何提高科技创新能力；

　　2. 科技创新问卷调查。

第四阶段：班主任总结。

班会准备

1. 收集有关实践科技创新知识的资料；

2. 手绘"科技创新"类手抄报、黑板报；

3. 准备有关科技创新调查问卷；

4. 幻灯片主题内容制作、挑选主持人及撰写主持稿

班会流程

1. 主持人介绍本次班会背景；

2. 通过幻灯片学习科技创新的知识；

3. 了解中国科技创新的成果，科学家的故事；

4. 简单介绍大学生挑战杯；

5. 如何提高大学生科技创新能力；

6. 科技创新调查问卷；

7. 班主任总结。

班会过程

班会第一项：主持人介绍本次班会背景

班会第二项：了解科技创新相关知识

1. 科技创新的含义

科技创新是原创性科学研究和技术创新的总称，是指创造和应用新知识和新技术、新工艺，采用新的生产方式和经营管理模式，开发新产品，提高产品质量，提供服务的过程。科技创新可以分为三类：知识创新、技术创新和现代科技引领的管理创新。

2. 科技创新的意义

当今国际形势，科技创新能力成为一个国家实力最关键的体现。在经济全球化的时代，一个国家具有较强的科技创新能力，就能在世界产业分工链条中处于高端位置，就能创造和激活国家经济。

3. 培养大学生科技创新的意义

创新是一个民族进步的灵魂，是一个国家兴旺发达的不竭动力。当今世界，是知识经济的时代，国家之间的竞争主要体现在创新人才的竞争。现在社会科技日新月异，国家之间竞争日趋激烈，在这样的环境下，对当代大学生的综合素质要求也越来越高。新时代大学生是我们国家现代化建设的生力军，在党和国家大力强调自主创新重要性的今天，培养和提高大学生创新能力是今后工作的重点。

班会第三项：了解中国的科技创新成果，科学家的故事

中国科技成果：

两弹一星：导弹、核弹、人造卫星（1960—1970年）。1960年11月5日，中国仿制第一枚导弹发射成功，1964年10月16日15时中国第一颗原子弹爆炸成功，使中国成为第五个有原子弹的国家。1967年6月17日上午8时中国

第一颗氢弹空爆试验成功。1970年4月24日21时中国第一颗人造卫星发射成功，使中国成为第五个发射人造卫星的国家。中国的"两弹一星"是20世纪下半叶中华民族创建的辉煌伟业。

结晶牛胰岛素（1965年）：由钮经义、龚岳亭、邹承鲁、邢其毅、汪猷等科学家组成的研究小组合成了世界上第一个人工蛋白——结晶牛胰岛素。结晶牛胰岛素主要起降糖作用，也可以用于精神病人的兴奋期，人工合成牛胰岛素是我国的第一类新药，在国际上领先。结晶牛胰岛素能促进全身组织对葡萄糖的摄取和利用，并抑制糖原的分解和糖原异生。

杂交水稻（1973年）：袁隆平杂交稻的种植，显著提高了水稻的产量，从以前的每亩200—300斤，到现在的每亩800斤。与第二次绿色革命一起差不多解决了全球的粮食危机。

核潜艇（1974年）：中国核潜艇之父——黄旭华。核潜艇是应对核动力航空母舰的最有力武器，是一个国家海军强大的象征，也是一个国家强大的象征，其战略意义非比寻常。之前从未见过核潜艇的黄旭华，在34岁便担任核潜艇总设计师。黄旭华带领研究团队仅用三个月就提出五个潜艇方案，从1957年至1986年，黄旭华隐姓埋名三十余载从未和父母见面，唯一联系就是一个信箱号码。1970年中国第一艘核潜艇下水，只用了十年时间，中国便造出了自己的核潜艇。1974年，第一艘核潜艇"长征一号"正式列入海军战斗序列。至此，中国成为第五个拥有核潜艇的国家。

神舟五号（2003年）：神舟五号载人飞船是"神舟"号系列飞船中的第五艘，是中国首次发射的载人航天飞行器。航天员杨利伟及一面具有特殊意义的中国国旗被送入太空，中国成为苏联和美国之后第三个将人类送上太空的国家。它是我国在航天技术上的又一座里程碑。

班会第四项：大学生挑战杯简介

1. 什么是挑战杯

挑战杯是"挑战杯"全国大学生系列科技学术竞赛的简称，是由共青团中央、中国科协、教育部和全国学联、举办地人民政府共同主办的全国性的大学生课外学术实践竞赛。"挑战杯"竞赛在中国共有两个并列项目，一个是

"挑战杯"中国大学生创业计划竞赛（简称"小挑"）；另一个则是"挑战杯"全国大学生课外学术科技作品竞赛（简称"大挑"）。这两个项目的全国竞赛交叉轮流开展，每个项目每两年举办一届。

2. 作品分类

申报参赛的作品分为自然科学类学术论文、哲学社会科学类社会调查报告和学术论文、科技发明制作三类。

3. 科技发明制作类

科技发明制作细分为两小类，A类指科技含量较高、制作投入较大的作品；B类指制作投入较小，对生产技术或社会生活带来便利的小发明、小制作。科技发明制作类具体的组别是：

（1）机械与控制（包括机械、仪器仪表、自动化控制、工程、交通、建筑等）

（2）信息技术（包括计算机、电信、通讯、电子等）

（3）数理（包括数学、物理、地球与空间科学等）

（4）生命科学（包括生物、农学、药学、医学、健康、卫生、食品等）

（5）能源化工（包括能源、材料、石油、化学、化工、生态、环保等）

4. 大学生科技发明作品展示

（1）大学生多功能电脑桌（第十二届"挑战杯"省赛作品），科技发明B类：

一款可以根据自身需要调节高度同时将散热器和桌体合二为一，将多个USB插口镶嵌进桌体侧边与散热器电路连接成一体，和电脑同时使用简单方便的高新产品。

（2）大学生宿舍新型脸盆架（第十二届"挑战杯"省赛作品），科技发明B类：

此发明用于宿舍人数较多，而宿舍空间有限的情况，能节约宿舍空间，创造出一个整洁干净的宿舍环境。

班会第五项：如何提高大学生科技创新能力

大学生创新能力的提高不是一朝一夕就能解决的，这项历史任务有众多的曲折和艰辛，因此在大学生生活环境中营造出浓郁的创新氛围是不可或缺的一环。作为这项工程的主要目标，大学生更应该主动参与其中，积极利用大学里的硬件、软件资源，如图书馆、实验室等，这些场所通常是创新灵感的培育地；同时大学生不能局限于校园，更应该走出社会，参加社会调研，让理论和实践相结合，在社会实践中善于发现不足，解决问题，最终形成创新成果；另外良好的基础知识也是科技创新成果的基础，没有坚实的知识积累和知识底蕴，是不可能孕育出优秀的发明的。

班会第六项：科技创新调查问卷

1. 你的性别
女（ ）
男（ ）
2. 你就读的专业属于
文科（ ）
理科（ ）
工科（ ）
医药（ ）
管理科（ ）
其他（ ）
3. 你在日常生活中关注我国科技创新的现状吗
每天都在浏览相关内容（ ）
经常浏览相关报道（ ）
偶尔（ ）
从不（ ）
4. 你对我国科技创新政策的了解途径
抖音、快手等短视频媒体（ ）
新闻（ ）
报纸、杂志等纸质媒体（ ）

微博、百度等新媒体（ ）
宣传标语、讲座（ ）
5. 你关注我国在哪一领域的成就
航空航天（ ）
军事技术（ ）
日常生活（ ）
通信技术（ ）
电子产品（ ）
6. 接第5题你认为我国在该领域的科技实力如何
处于世界前列（ ）
在世界平均水平之上，与发达国家仍有一定差异（ ）
处于世界平均水平之中（ ）
刚刚起步，与主流国家差距较大（ ）
暂不清楚（ ）
7. 接第5题，你认为我国在该领域的创新实力如何
创新成果蓬勃发展，创新实力较强（ ）
创新能力处于中游水平，相关领域常有创新性成果（ ）
创新后劲不足，缺乏动力（ ）
暂不清楚（ ）
8. 接第5题，你认为当前领域发展如何
未来将主导世界在该领域的发展（ ）
不断优化该领域的发展，逐步赶超发达国家（ ）
逐渐缩小与相关国家的差距，但赶超仍然需要很长一段时间（ ）
不了解（ ）
9. 接第5题，你知道哪些该领域的成果
10. 你认为我国的科技创新成就会为你的生活带来怎样的影响
提供了极大的便利（ ）

没有实质性的改变（ ）
不清楚（ ）

班会第七项：班主任总结

　　同学们，今天的科技创新主题班会，既丰富了我们的科技知识，又激发了我们对科技创新的热情。希望同学们在课外积极主动地了解科技知识，用我们积累的专业知识，积极投身到科技创新这一伟大事业中！

★模块三　学生安全教育类

项目一　人身财产安全教育

班会背景

生命对于每个人来说只有一次，生活中存在着许多的诱惑，同学们的安全意识，珍惜生命、安全重于一切的意识淡薄。通过本次主题班会，让学生树立安全意识，从思想上远离安全隐患，加强自身的素质培养；让学生了解日常活动中的安全知识，懂得安全的重要性，并把自己学到的知识传达给周围的人们。

班会目的

1. 提高学生的安全意识；
2. 认识常用的校内外安全知识；
3. 预防危险的发生并提高学生自我保护的基本能力。

班会设计（形式）

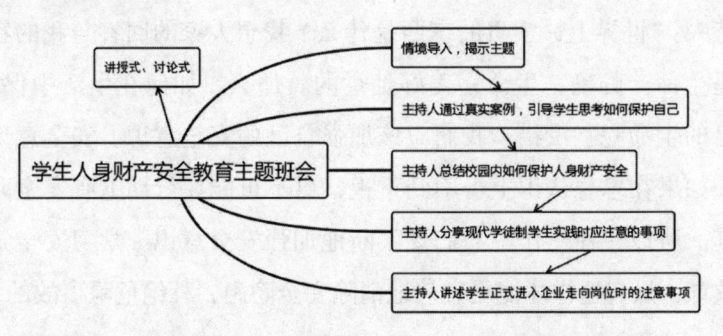

图例3-1　班会方案（图片来源：襄阳职业技术学院刘群群）

班会准备

1. 收集关于人身财产安全的相关知识；
2. 收集与人身财产安全相关的案例；
3. 主持人提前排练，班会脱稿主持。

班会流程

班会流程图

```
班会第一项 → 主持人致开场白（主持人讲解班会背景，班会开始）

班会第二项 → 主持人提问违法和犯罪的区别，引导学生思考回答

班会第三项 → 主持人分享一个事故案例并提问有哪些违法行为，同学们小组讨论后由代表发言

班会第四项 → 主持人分享违法犯罪的真实案例

班会第五项 → 主持人提问大学生在校和企业工作期间该如何预防违法犯罪，引导学生思考回答，主持人总结

班会第六项 → 主持人总结，班主任致结束语
```

图例3-2　班会流程（图片来源：襄阳职业技术学院刘群群）

班会过程

班会第一项：主持人致开场白

主持人："世界上最宝贵的东西是什么？我想大家的回答与我的答案是一样的，是生命。的确，生命是美好灿烂的。那么，如何在生活中保护自己，珍爱自己的生命呢？没错，我们应该加强自己的安全意识。安全意识是非常重要的，如果在思想认识上得不到重视，更不可能在行动上有安全防范的能力和措施。所以，在工作中我们要不断地加强安全意识，学习安全知识，普及安全教育，只有这样才能更有效地消除安全隐患，杜绝危险事故的发生。"

班会第二项：主持人讲述有关人身财产安全的惨痛案例

案例一：

据中国驻柬埔寨大使馆网站消息，2月12日，柬埔寨中柬第一医院收治了一名濒死状态的中国男子。这名男子因轻信同城网上的虚假招工广告，被犯罪团伙胁迫偷渡到柬埔寨，遭柬西哈努克港中国城内网赌电诈团伙非法拘禁，并被多次大剂量抽血，生命垂危。

案例二：

2020年7月8日凌晨，南京一条僻静的巷子里，三个人在演练如何杀人，第二天便将一个女孩子引到了千里之外，杀害于山林中。被害人是南京女大学生李某月，谋害嫌犯是李某月的男友洪某及其同伙张某光、曹某青。此事一经曝光，人们便对案件情节生疑：两名小弟为什么对其言听计从，难道不知道杀人犯法吗？如果洪某是精神病人，这两人能不对洪某产生怀疑吗？张某光此前是认识李某月的，他在南京期间，经常与他的"上级"洪某联系，曾在洪某家吃饭，并多次借宿，而案发前李某月也同样住在洪某家。张丽曾从张某光口中听说，洪某已经见过了女朋友的父母，两人正准备结婚。据张丽介绍，彼时的张某光，第二天就要与曹某青合力杀害一个女子，却不知道曹某青的真实身份，他以为曹某青是公安机关的正式民警，并一直称他为"曹SIR"。曹某青也并非完全清楚张某光的真实身份，张某光称自己是洪某"国安工作"的"副手"。李某月的父亲李胜做梦都没有想到，他们在杀害自己女儿前进行了演练。李胜从知情人处得知，李某月遇害前一天，也就是2020年7月8日凌晨，洪某、张某光、曹某青、李某月四人坐在洪某家客厅里组队打了几局游戏。那时，李某月对未来将要发生的事浑然不知，但洪某已经做好计划。一起组队打游戏，目的就是在李某月到达西双版纳勐海后方便和张某光、曹某青联系。因为他们三人可以在游戏的"最近组队"记录中找到对方，且用此种方式联系可不留下痕迹，便于洪、张、曹三人在案发后逃避警方的调查取证。之后，洪、张、曹三人借口出门买水，来到洪某家附近一条僻静的巷子里开始演练如何杀害李某月。按照洪某事先拟定的计划和杀人步骤，三人反复演练后，才返回家中休息。一天后，李某月在千里之外的一山林中遇害。

班会第三项：主持人组织学生讨论，在校大学生该如何保护自己的人身财产安全

小组讨论，主持人总结如下：

1. 居安思危，提高自我防范意识。

一般防盗的基本方法是人防、物防和技防。其中，"人防"是预防和制止盗窃犯罪唯一可靠有效的方法。对大学生而言，提高防范意识，做好防盗工作，这不仅是个人的事，也是全校师生共同关心的大事。只有人人参与其中，群防群治，才能真正有效控制和防范盗窃案的发生。事实上，发生在大学生周围的盗窃案件大部分是由于大学生自身的防范意识淡薄而引起的，不注意对自身财物的保管，给作案分子以可乘之机。在日常生活中，大学生应从以下几个环节加强安全意识培养，提高防盗能力。

一是大额现金不要随意放在身边，应就近存入银行，同时办理加密业务，将存折和印鉴、密码、身份证分开存放，最好不将自己的生日、手机或家庭电话号码、学号作为自己的存折或信用卡的密码，防止被他人发现盗取。

二是对贵重物品如手机、快译通、照相机等，不用时最好锁起来，以防顺手牵羊者盗走。

三是不要怕麻烦，随手关窗锁门。

四是相互关照，勤查勤问，对陌生人要多留一个心眼。

五是积极参与安全值班，共同维护集体利益。

2. 遵守纪律，落实学校安全规定。

为营造一个安全学习环境，学校有关部门都制定相关的管理制度来规范大家的日常行为，但有些同学常常为了个人的一时之便，置学校的纪律于不顾，违反规定，结果给自己和大家造成财物损失。

一是不随意留宿他人。大学生因在宿舍违规留宿造成被盗的例子很多，应该从中吸取教训。日常生活中，同学、老乡、朋友来访本来很正常，但有些同学对来访的人并不十分了解，又碍于情面，宁可违反学校的有关规定，也不做对不起朋友、老乡的事，江湖义气实不可取。来客一时无法离校，学

校和周边都有招待所可以接待，万一客人要在宿舍留宿，也应向有关部门报告，并办理相关登记手续，这应该是大学生很正常的行为。

二是爱护公共财物，保护门窗和室内设施完好无损。有些同学在忘带门钥匙后为图省事，毁锁开门，还有部分学生将衣柜、书桌损坏。这些公物损坏后又不报修，使寝室的门柜形同虚设，起不到任何保护财物的作用。

3. 提高修养，养成良好的生活习惯。

根据有关调查研究表明，盗窃作案分子盗窃欲望的产生在许多情况下是受到盗窃目标的诱惑与刺激，我们日常生活中的不良习惯给盗窃作案分子提供了机会。如大额现金有意无意在人面前显现，价值贵重的照相机、手机任意摆放在室内等，这都是盗窃案件易于产生的原因，所以，加强自身财物保管是减少被盗的有效途径。

班会第四项：主持人讲述进入企业工作实践时应注意的事项。

小组代表发言如下：以在工地工作为例

1. 定期检查安全措施执行情况，检查违章作业，检查冬、雨季施工安全生产设施。
2. 严禁在工作场所内嬉戏、打闹，严禁在施工时穿梭。
3. 认真佩带和正确使用劳动保护用品。
4. 必须严格遵守危险性作业的安全要求。
5. 严禁在禁止吸烟的工作地区吸烟、动火。
6. 严禁在上岗前和工作时间饮酒。
7. 上下班时，严禁在楼道拥挤。
8. 工作期间要精神集中，不得做与工作无关的事情。

班会第五项：班主任总结并致结束语

班主任：生命安全重于泰山，人的生命只有一次。希望同学们从身边小事做起，树立防范意识，培养安全观念，从而做到居安思危，防微杜渐。让安全系着你、我、他。愿我们的生活每天都充满阳光和鲜花，愿平安永远伴随着我们大家！

课后拓展

分组制作一张关于人身财产安全的电子宣传图片。

项目二 学生消防安全教育

班会背景

当今的大学生消防安全意识淡薄，消防知识欠缺，尤其是在企业实践时面对火灾等紧急事件的处置能力不强，导致消防安全事故频繁发生，造成了严重的后果。为了普及消防安全知识，加强学生在面对校园火灾和企业实践突发事件时的处置能力，学校决定围绕消防安全开展主题班会。

班会目的

1. 使学生认识火灾事故的突发性、严重性；
2. 提高学生的消防安全意识以及在企业实践时面对火灾等突发事件的处置能力；
3. 提高学生面对火灾时自护自救能力；
4. 使每一位学生明白消防安全人人有责、从我做起、从小事做起，从而减少消防安全事故的发生。

班会设计（形式）

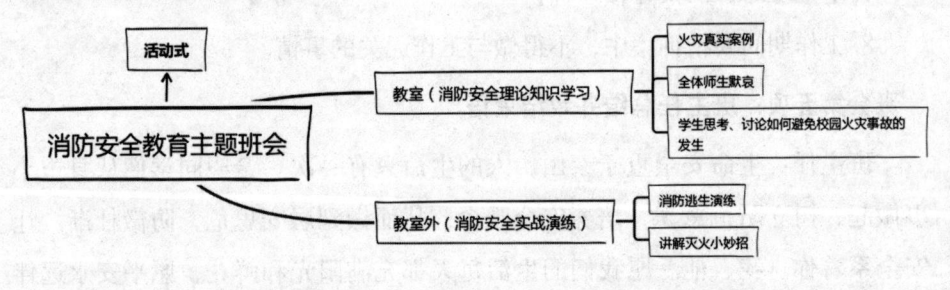

图例3-3 班会方案（图片来源：襄阳职业技术学院刘群群）

班会准备

1. 收集有关校园、日常火灾事故的案例、数据等资料；
2. 准备毛巾、可乐；
3. 收集大学生在校做的具有消防隐患的事情；
4. 主持人提前排练，班会脱稿主持。

班会流程

班会流程图

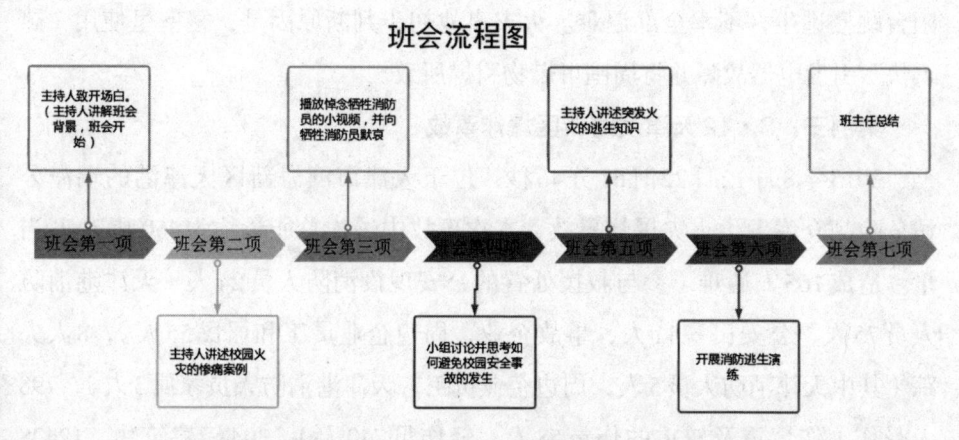

图例3-4　班会流程（图片来源：襄阳职业技术学院刘群群）

班会过程

班会第一项：主持人致开场白

主持人："火与我们的生活息息相关，从原始社会人们掌握火的使用开始，火对于人类社会的进步和发展便起着至关重要的作用。但是火在带给人们光明和便利的同时，也会造成非常严重的损失，多少血淋淋的教训，一次又一次地给我们敲响了警钟。我们应该如何避免火灾的发生呢？今天我们准备了《校园消防安全》的主题班会。希望此次班会可以使同学们提高校园防火的安全意识和面对火灾时的自救能力，确保我们有个安全的校园环境。"

班会第二项：主持人讲述校园火灾的惨痛案例

案例一：印度私立学校——75人死亡

2004年7月16日，印度某私立学校发生一场惨剧，至少75名学生被一场突如其来的大火烧死，另有100人被烧伤。

案例二：上海某学院——4人死亡

2008年11月14日早晨6时10分左右，上海某学某校区一学生宿舍楼发生火灾，火势迅速蔓延导致烟火过大，4名女生在消防队员赶到之前从6楼宿舍阳台跳楼逃生，不幸全部遇难。火灾事故初步判断原因是，寝室里使用"热得快"引发电器故障并将周围可燃物引燃所致。

案例三：8·12天津滨海新区爆炸事故

2015年8月12日22时51分46秒，位于天津市滨海新区天津港的瑞海公司危险品仓库发生火灾爆炸事故，本次事故中爆炸总能量约为450吨TNT当量。造成165人遇难（参与救援处置的公安现役消防人员24人、天津港消防人员75人、公安民警11人，事故企业、周边企业员工和居民55人），8人失踪（其中天津消防人员5人，周边企业员工、天津港消防人员家属3人），798人受伤（伤情重及较重的伤员58人、轻伤员740人），304幢建筑物、12428辆商品汽车、7533个集装箱受损。

班会第三项：播放悼念牺牲消防员的小视频，并向在火灾中不幸牺牲的消防员和其他人默哀

主持人：他们本是和我们一样的普通人，却在危难之中义无反顾向死而生。请全体师生起立，为那些逆火而行，用生命护卫我们生命的消防员默哀。

班会第四项：主持人组织学生讨论

主持人：消防员是很可爱的人，但是因为义无反顾地救火而牺牲，是很让人痛心的。请同学们分组讨论，怎么样才能避免校园火灾的发生。每组派出一名代表发言。

小组代表发言，主持人总结如下：

校园消防隐患：

1. 教室内违规给手机充电；

2. 房门不畅通，教室内堆积杂物、只开一个门；

3. 安全门关闭，疏散通道不畅；

4. 宿舍内违规使用大功率电器、做饭、吸烟；

5. 宿舍人走后不断电；

6. 私自搭接电线；

7. 手机放在床上充电。

我们该如何做：

1. 教室不允许手机充电；

2. 在宿舍不抽烟、不违规使用大功率电器；

3. 消防门应随时开启，消防通道应保持畅通；

4. 不在教室宿舍实训室等地私自搭接电线。

班会第五项：消防逃生知识

主持人：我们刚刚总结了如何避免校园火灾，以后我们在企业实践时应该如何避免火灾的发生呢？

（一）及时、准确地报警

发生火灾时，应视火势情况，在向周围人员报警的同时向消防队报警，同时还要向单位领导和有关部门报告。

1. 向周围人员报警：应尽量使周围人员明白什么地方着火和什么东西着火，是通知人们前来灭火，还是告诉人们紧急疏散。向灭火人员指明火点的位置；向需要疏散的人员指明疏散的通道和方向。

2. 向消防队报警：直接拨打119火警电话。拨通电话后，应沉着、冷静，要讲明：发生火灾的单位、地点、靠近何处，什么东西着火、火势大小，是否有人被围困，有无爆炸危险物品、放射性物质等情况。还要讲清报警人姓名、单位和联系电话号码，并注意倾听消防队的询问，准确、简洁地给予回答。报警后，应立即派人到单位门口或交叉路口迎接消防车，并带领消防队迅速赶到火场。如消防队未到前，火势扑灭，应及时向消防队说明火已扑灭。

（二）扑灭初起之火

火灾的发展为初起、发展、猛烈、下降和熄灭五个阶段。火灾初起阶段，燃烧面积不大，火焰不高，辐射热不强，火势发展比较缓慢，如发现及时，方法得当，用较少的人力和简单的灭火器材就能很快地把火扑灭。这个阶段是扑灭火灾的最佳时机。在报警的同时，要分秒必争，抓紧时间，力争把火灾消灭在初起阶段。

（三）火灾中自救

火灾中的人员伤亡，多发生在楼上，或因逃生困难，或因烟气窒息，或被迫跳楼，或被烈火焚烧。那么发生火灾时，应如何自救呢？

1. 如果楼梯已经着火，但火势尚不猛烈，这时可用棉被、毯子裹在身上，从火中冲过去。

2. 如果火势很大，则应寻找其他途径逃生，如利用阳台滑向下一层，越向邻近房间，从屋顶逃生或顺着水管等落向地面。

3. 如果没有逃生之路，而所有房间离燃烧点还有一段距离，则可退居室内，关闭通往火区的所有门窗，有条件时还可向门窗洒水，或用碎布等塞住门缝，以延缓火势蔓延过程，等待救援。

4. 要设法发出求救信号，可向外打手电，或抛出小的软的物件，避免叫喊时救援人员听不见。

5. 如果火势逼近，又无其他逃生之路，也不要仓促跳楼，可在窗上系上绳子，也可临时撕扯床单等连接起来，顺着绳子下滑。

主持人：同学们，如果真的遇见了火灾我们该怎么做呢？今天我来带着同学们学习一下遇见火灾的逃生方法，让我们在火灾来临时都能保护好自己并快速地逃生。

1. 不要惊慌

俗话说得好，"只有绝望的人，没有绝望的处境"。遇到火灾，一定要镇静，镇静是生存的前提，先判断火势的大小，不大的话应该及时使用灭火器、消防栓等进行灭火，千万不要惊慌，置小火于不顾而酿成大灾。

2. 毛巾捂鼻

在众多火灾案例中，窒息是导致死亡的主要原因。逃生时如需穿过烟雾区，一定要用湿毛巾掩住口鼻，防止烟雾进入口腔，避免大声呼喊。没有湿毛巾，可以用湿衣服、湿棉被等代替。

3. 勿贪财物

生命只有一次，任何东西都没有生命重要。时间就是生命，火场容不得你想太多。

4. 暂时避难

在无路可逃的情况下，应积极寻找避难场所，躲避烟火的危害，不乘坐电梯。如果身体着火就地打滚。待在阳台、窗口等易于被人发现和避免烟火的地方。

班会第六项：开展消防逃生演练

主持人："在2008年'5·12'汶川特大地震发生时，四川绵阳市安阳县桑枣镇桑枣中学2200余名师生无一伤亡，这得益于校长叶志平多年来坚持不懈地引导学生做安全疏导演练。为了增强同学们火灾的逃生能力，现在我们也开始进行一场火灾逃生演练。"

消防逃生演练方案

1. 主持人播放火警提示音，告知同学火灾来了。

2. 同学用自带矿泉水将毛巾打湿捂住口鼻，弯腰快速有序地从消防通道逃生至教学楼下广场处。

3. 班主任在消防通道维持秩序，提醒学生不拥堵、不推搡。

班会第七项：讲解灭火小妙招

灭火工具

可乐：二氧化碳气体膨胀使瓶内的氧气含量降低，在喷发的瞬间形成一个喷雾，喷雾覆盖燃烧物体表面，达到灭火的效果。

沙土：在室外发生初起火灾又没有灭火器，在用水灭火危险性较大的情况下，可用铁锹铲沙土覆盖，使火无氧而灭。

灭火知识

家具等起火：一般用水灭火。用身边可盛水的物品如脸盆等向火焰上泼水，也可把水管接到水龙头上喷水灭火；同时把燃烧点附近的可燃物泼湿降温。但油类、电器着火不能用水灭火。

电气起火：家用电器或线路着火，要先切断电源，再用干粉或气体灭火器灭火，不可直接泼水灭火，以防触电或电器爆炸伤人。

班会第八项：班主任总结

班主任：我们的生活离不开火，但是使用不当就会发生火灾，对我们的生命财产安全造成巨大的危害。因此，同学们必须记住我们今天所学的消防知识，平时以预防为主，火灾来临时不要惊慌，冷静应对才是逃生的关键。最后送给同学们一句话："火灾不难防，重在守规章。"

班会第九项：结束语

生命只有一次，幸福快乐掌握在你自己的手里。防止火灾发生的关键，是做好预防工作，防患于未然。我们只要认真贯彻消防法规，自觉遵守消防安全管理规定，就能有效预防火灾的发生。

课外拓展

分寝室收集消防标语，并制成宣传牌，在学校有消防隐患的地方放置，如宿舍、机房等。

项目三　学生心理健康教育

班会背景

在当今社会，当人们听到"心理疾病"这样的字眼时，不会再像10年前那样大惊小怪，而是成了一种家常便饭。在物质生活大大丰富的今天，我们精神世界遇到的难题越来越多了。世界卫生组织公布的数据更加让人触目惊心：全球约有10亿人正在经历心理、神经、精神疾病的影响！据估计，全球每年有87万人自杀，是全球死亡人数的1.4%。世界卫生组织心理健康部主管萨拉西诺表示，超过90%的自杀案例都和心理疾病相关。可以说，心理疾病已经呈现"全球化"的态势。

班会目的

1. 通过本次班会培养学生的人际交往能力，使学生健康快乐地成长；

2. 端正学生的心理发展方向，避免学生在今后的学习、生活及工作中产生不良的心理状态；

3. 让学生认识到每个人都应该以积极、健康的心态正确对待挫折。

班会设计（形式）

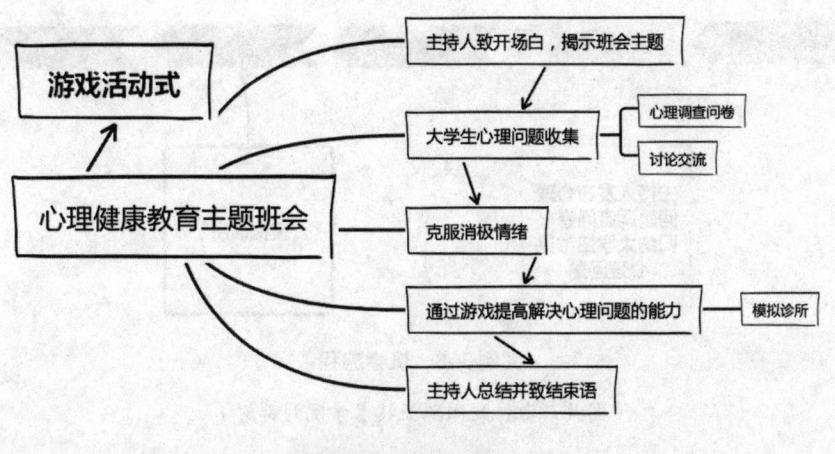

图例3-5　班会设计

（图片来源：襄阳职业技术学院刘群群）

班会准备

1. 制作心理健康问卷表；

2. 熟悉游戏方案；

3. 游戏环节提前排练；

4. 收集如何克服消极情绪的方法。

班会流程

班会流程图

- 班会第一项：主持人致开场白，组织同学交流大学生心理问题
- 班会第二项：主持人发布心理问题调查问卷，归纳大学生常见心理问题
- 班会第三项：改变消极情绪的做法
- 班会第四项："模拟诊所"
- 班会第五项：主持人总结并致结束语

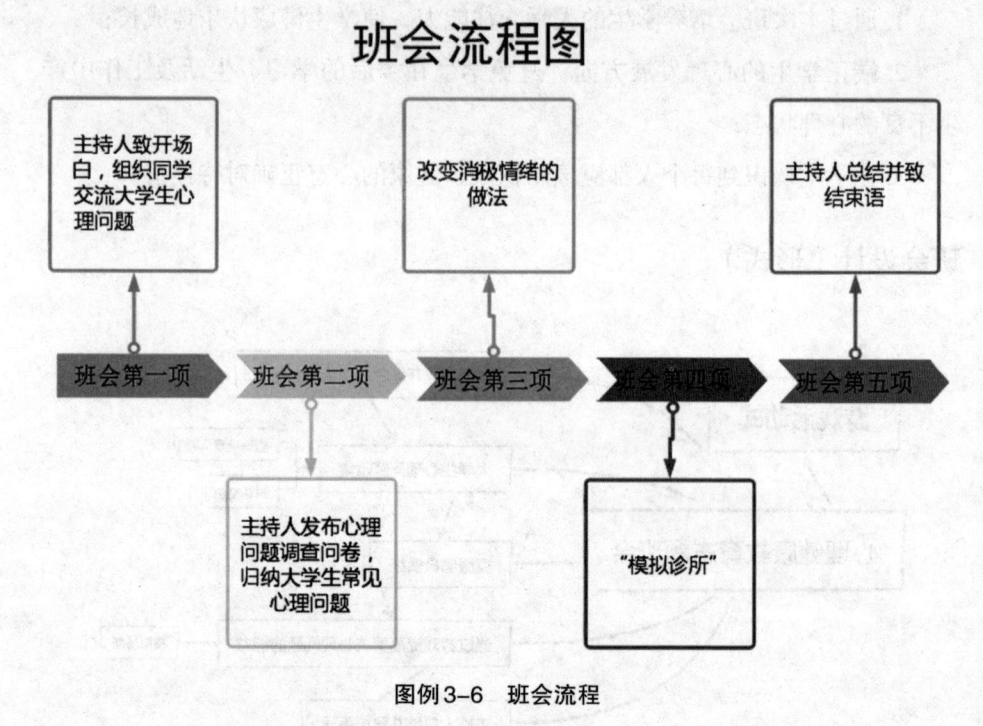

图例3-6　班会流程

（图片来源：襄阳职业技术学院刘群群）

班会过程

班会第一项：主持人致开场白，组织同学交流大学生心理问题。

主持人：时光荏苒，光阴似箭，同学们带着理想，到这里追求知识，但由于多方面的影响，部分学生产生了对社会缺乏责任、对他人缺乏信任、对父母缺乏爱心、对自己缺乏信心等一系列问题。马加爵事件、张力伟事件再一次警示我们，必须充分重视对大学生的心理健康教育，培养学生良好的心理品质，才能使其进一步走向成功。现在的孩子大多是独生子女，许多同学们在家庭、学校都表现出以自我为中心的行为，不能主动承担责任，在学习上，很多同学都表现出被动等一系列问题。我们已经进入大学，大家现在面临的是每学期测验、四六级考试等，以及马上就要面临的就业问题。这是人

生的一个转折点，是一个艰难的时刻。开学以来，同学们感受到学习与以前有明显的不同，不仅作业数量加重了，难度也加大了，当然还有来自父母的压力与生活中的不快，大家一定有深刻的感受。我们都生活在同样的天空下，拥有类似的烦恼，就让我们一起去解决！好吧，下面请在座的各位交流一下。

班会第二项：主持人发布心理问题调查问卷，归纳大学生常见心理问题。

主持人分发提前制作的心理调查问卷表。

同学们根据调查问卷给自己打分，主持人鼓励同学们大胆说出自己分数。

主持人：通过调查问卷和倾听各位的心声，我深刻地理解大家，当然我们都有相似的苦恼和不快。求学的路真是不容易。有些同学天天这样想，别人怎么就不痛苦呢？大家知道吗？这是一种不良的心理，它会影响你们的学习、影响你们的行为。现在我大致把你们的心理归纳了一下。

1.压力或焦虑心理。学校课业任务繁重，竞争激烈，父母的期望值过高，使得学生精神压力越来越大。

2.厌学心理。这是目前学习活动中比较突出的问题，不仅是学习不好的同学不愿学，连成绩很好的同学也有这种倾向。

3.人际冲突心理。包括与家长、同学的冲突，生活在一起不和谐、不协调的人际关系等。

主要表现：

（1）曲解同学、心理不平衡；

（2）不主动理解人，却渴望理解万岁；

（3）不能悦纳父母，家庭关系紧张。

其实，人与人之间只有很小的差异，但这种很小的差异却往往造成了巨大的差异！很小的差异就是所具备的心态是积极的还是消极的，巨大的差异就是成功与失败。成功人士的首要标志就是他的心态，如果一个人的心态是积极地、乐观地面对人生，乐观地接受挑战和应付困难，那他就成功了一半。

班会第三项：改变消极情绪的办法

大家说一下，积极的心态有哪些？要想成功，首先要有积极的心态。积极的心态有乐观、热情、大度、奉献、进取、自信、必胜、勇敢、坚强、有意志力、有强烈成就感等。

我们生活学习中，不管遇到什么困难，都要有坚定的信念、积极的心态。没有一个人的道路是一帆风顺的，人生的路正因为有困难，才更加多彩。没有岩石的撞击，就不会有美丽的浪花。的确，成功的道路充满了荆棘，在失败挫折面前，我们要更勇敢、更坚强、更有意志力，才会赢来成功。

当然，我们要学会生存，学会适应。环境无法改变，我们要学会自我调节，改变自己的心境。根据大家刚才的发言，总结以下几点方法。

1. 坚定理想，用名人名言、名人事例鼓励自己；
2. 自我调整，写心理日记宣泄；
3. 自我积极的暗示；
4. 找知心朋友说心事；
5. 听音乐；
6. 运动。

班会第四项："模拟诊所"

"模拟诊所"游戏方案

每一个小组模拟"心理诊所"，小组内决定模拟"心理患者"的人选，每小组决定一个"心理患者"。

每一小组写一个大学生常见的心理问题交给主持人，主持人随机分给"心理患者"。"心理患者"依次上台讲述自己的心理问题，抽签决定由哪一个"心理诊所"诊治。在"心理患者"告知诊所自己的心理问题之后，由小组内交流讨论"诊治"方法之后进行解决。此时其他小组也需讨论解决方法，写在纸条上交给模拟小组。具体如下：

患者1艾安子：在家是父母心中的宝贝，通常是饭来张口、衣来伸手。而进入校园后，由于习惯了原来生活的享受，则无法很好地适应新的大学生活。遇到困难常束手无策，焦虑不安。请心理医生帮帮我，谢谢……

经过一轮商讨和抽签环节后由（1）组解答，李同学：忽略周围环境，要学着去适应。当你有一天发现自己的努力得到回报了，那一定是最幸福的时刻。不管现在的你遇到如何大如何艰难的困境,坚持下去就是胜利。

患者2张同学:性格上比较内向、孤僻,或不善言谈,不知道怎么样来正确表达自己的思想感情。请心理医生帮帮我,谢谢……

经过一轮商讨和抽签环节后由(4)组解答,刘同学:要正确地估价自己,学会倾诉自己的思想感情,积极参加各种集体活动,要学会与他人相处,善于察言观色,培养广泛的兴趣爱好。

班会第五项:主持人总结并致结束语

主持人:这次心理健康主题班会的展开让我们意识到面对丰富多彩的大学生活,我们要不断增强自己的心理健康意识,不断促进我们人格的健全发展,正确认识自己,同时提高我们应对挫折、适应社会的能力。这次班会也让我们懂得建立和谐人际关系的重要性。

一个人生理健康和心理健康都是很重要的,你在生活中失去了方向,这才是导致悲剧发生的根本,我们一定要调整好自己的心态,保持一个健康的心理,懂得自我调节和适应,我们的明天才会更加美好。

项目四　学生防"艾"安全教育

班会背景

按照国家卫健委公布的数据,全国每年会有大约3000名青年学生(绝大多数是大学生)感染艾滋病。这个数字还是很有冲击力的。青年学生报告的新增病例确实近年来增长较快,从2007年到2015年,不到十年的时间里增长了近十倍。艾滋病就在大学生的身边,为了帮助大学生认识艾滋病在校园的传播,同时帮助大学生提高将来在社会中预防艾滋病的意识,学校决定围绕防"艾"安全教育开展主题班会。

班会目的

1. 了解什么是艾滋病；
2. 掌握在各种场合中预防艾滋病的基本知识；
3. 了解感染艾滋病病毒会有哪些表现；
4. 掌握艾滋病传播的主要途径，增强自我保护意识。

班会设计（形式）

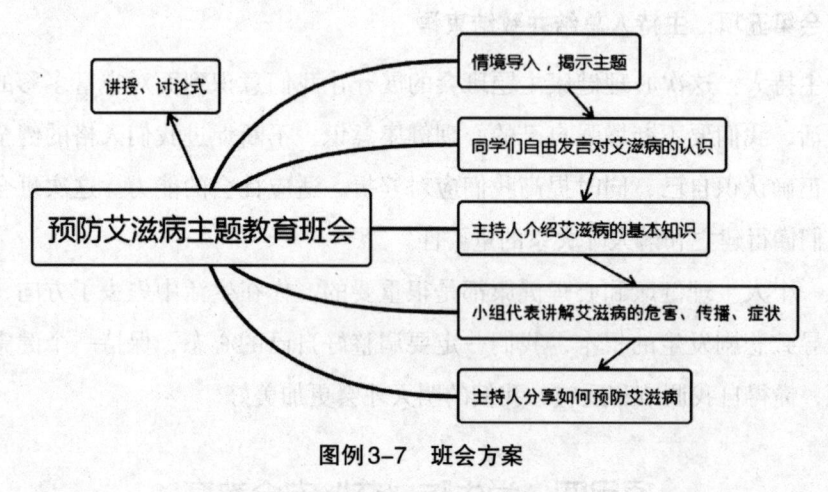

图例3-7　班会方案

（图片来源：襄阳职业技术学院刘群群）

班会准备

1. 收集预防艾滋病的资料；
2. 发动每位同学在课下收集艾滋病相关资料；
3. 分为三组，每一组布置任务去网上或图书馆收集有关艾滋病的资料；
4. 主持人提前准备，班会时脱稿主持。

班会流程

班会流程图

- 班会第一项：主持人致开场白（主持人讲解班会背景，班会开始。）
- 班会第二项：学生自主发言、表达个人对艾滋病的了解和看法
- 班会第三项：主持人介绍什么是艾滋病及艾滋病的流行状况，让同学们对艾滋病有一个基本的认识
- 班会第四项：主持人给每个小组一个问题，小组之间相互讨论，并派代表发言
- 班会第五项：主持人分享大学生在校期间及企业实践时面对来自社会上的诱惑该如何防范
- 班会第六项：主持人总结并致结束语

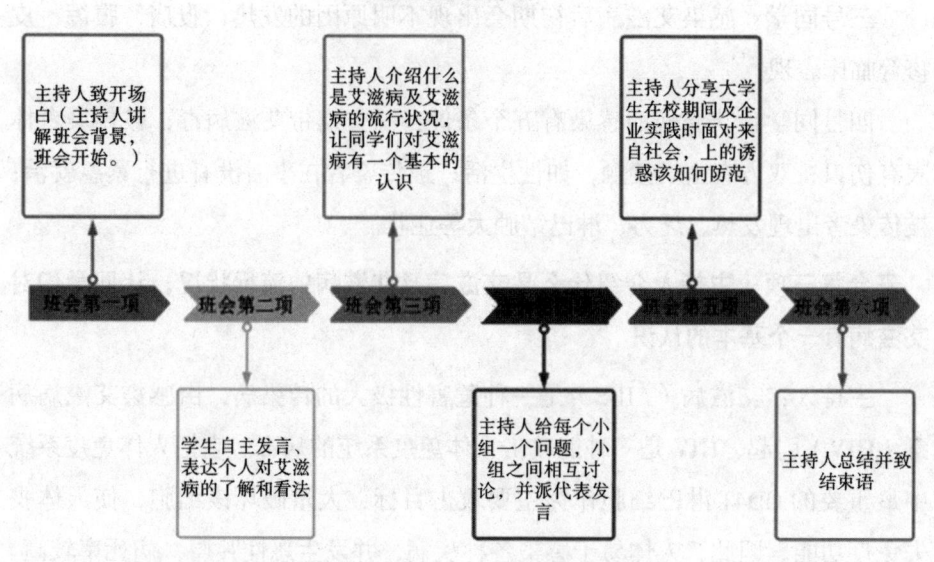

图例3-8 班会流程

（图片来源：襄阳职业技术学院刘群群）

班会过程

班会第一项：主持人致开场白

主持人："1985年6月，一位美籍阿根廷人，来中国旅游，因得了怪病住进北京协和医院，5天后死亡，这是中国境内第一例艾滋病病人。据中国疾控中心、联合国艾滋病规划署、世界卫生组织联合评估，截至2018年底，我国估计存活艾滋病感染者约125万。截至2018年9月底，全国报告存活感染者85.0万，死亡26.2万例。估计新发感染者每年8万例左右。全人群感染率约为9.0万，截至2023年，中国大陆地区约有80万人感染了HIV病毒。参照国际标准，与其他国家相比，我国艾滋病疫情处于低流行水平，但疫情分布不平衡。

班会第二项：学生自主发言，谈谈对艾滋病的了解和看法

一号同学：艾滋病是一种由血缘、不正当性关系传播的传染病。

二号同学：艾滋病目前在全球还无法治愈，所以艾滋病对人的危害特别大。

三号同学：感染艾滋病后初期会出现不明原因的发热，腹痛，腹泻，皮疹等临床表现。

四号同学：艾滋病的感染有五个条件：一方携带艾滋病毒；被传染者体表有伤口；双方有密切接触，如性生活；被传染者在事后没有进行紧急就治；被传染者出现发热、乏力、淋巴结肿大等症状。

班会第三项：主持人介绍什么是艾滋病及艾滋病的流行状况，让同学们对艾滋病有一个基本的认识

主持人：艾滋病（AIDS）是一种危害性极大的传染病，由感染艾滋病病毒（HIV）引起，HIV是一种能攻击人体免疫系统的病毒。它把人体免疫系统中最重要的CD4T淋巴细胞作为主要攻击目标，大量破坏该细胞，使人体丧失免疫功能。因此，人体易于感染各种疾病，并发生恶性肿瘤，病死率较高。HIV在人体内的潜伏期平均为8～9年，在艾滋病病毒潜伏期内，可以没有任何症状地生活和工作多年。

班会第四项：主持人给每个小组一个问题，小组之间相互讨论，并派代表发言

主持人：第一组讨论艾滋病有哪些危害。第二组讨论艾滋病的传播途径。第三组讨论艾滋病有哪些症状。

第一组代表发言：学生代表丙发言，就艾滋病对社会的严重危害进行分析。

1. 尽管全世界的科学家都在夜以继日研究，但迄今为止还没有找到可根治的药物，也没有能有效预防其发生的疫苗。人一旦感染HIV，大多数将迟早发病、死亡。

2. 艾滋病造成的损失不仅局限于个人，且牵连到家庭、子女和亲友。

3. 艾滋病不是简单的疾病问题，而是危及人类生存发展的重大社会问题。它导致的社会发展迟滞、劳动力损失、医疗费用急剧增加、社会福利水平下降等灾难性影响，波及整个国家和民众。

第二组代表发言：

艾滋病有三种传播途径，分别是：

1. 血液传播。容易通过血液传播途径感染艾滋病病毒的高危人群包括注射吸毒者、非正规有偿献血者以及医护人员。人们可能通过输入受污染的血液，皮肤破损部位接触受污染的血液，或共用受污染的注射针具及其他医疗器械等途径感染艾滋病病毒。2011年的78万名艾滋病病毒感染者中，28.4%是经注射使用毒品感染；6.6%是经受污染的血液感染。

2. 性接触传播。艾滋病病毒可以通过无保护性交（包括阴道性交、肛交和口交）进行传播。目前，我国艾滋病病毒最主要的传播途径即为性接触传播。性接触传播感染艾滋病病毒的高危人群包含男性同性恋者、性工作者及艾滋病病毒感染者的性伴侣。2011年报告显示，我国男性接触者（Men who have sex with men, MSM）中，艾滋病病毒感染率为6.3%。2017年报告感染者中，异性性接触传播的比例为69.6%，男性同性性接触传播比例为25.5%。

3. 母婴传播（又称垂直传播）。艾滋病病毒可以通过胎盘、分娩或哺乳等途径，从感染艾滋病病毒的母亲传播到新生儿身上。2011年报告显示，当年现存的78万艾滋病病毒感染者中1.1%经母婴传播感染，当年新发的4.8万例艾滋病病毒感染者中0.4%经母婴传播感染。2017年，我国艾滋病母婴传播率已下降至4.9%。

第三组代表发言：艾滋病症状主要表现为持续一个月以上的发热、盗汗、腹泻；体重减轻10%以上。部分病人表现为神经精神症状，如记忆力减退、精神淡漠、性格改变、头痛、癫痫及痴呆等。初期消化道症状：咳嗽咳痰咯血、呼吸困难、呕吐、腹痛腹泻、消化道出血、吞咽困难、食欲下降、口腔白斑及溃疡、各种皮疹、视力下降、失明、癫痫、肢体瘫痪、消瘦、贫血、二便失禁、尿潴留、肠梗阻等。艾滋病初期症状另外还可出现持续性全身性淋巴结肿大，其特点为：除腹股沟以外有两个或两个以上部位的淋巴结肿大，淋巴结直径≥1cm，无压痛，无粘连；持续时间3个月以上。有的人艾滋病初期症状会表现为像感冒一样，当然也有的人完全没有症状，自己对感染了艾滋病没有觉察。

班会第五项：主持人分享大学生在校期间及企业实践时面对来自社会上的诱惑该如何防范

我们现在处于大学阶段，在外避免不正当的性行为；在企业中充分利用景区停车场、公司办公楼 LED 屏滚动播放防"艾"标语、公益视频；在外就医时要去正规医院，避免和别人使用同一个针管；在外要提高对于艾滋病的防范意识，不喝陌生人给的饮料等；我们在企业实践，面对来自社会上的诱惑时，我们该：

1.不吸毒，远离毒品，远离经常有不法行为的人，更不进行非法卖血，因为在进行这些行为的时候，健康人很可能因为使用带有 HIV 病毒的注射器而被感染。

2.同时也注意不要文身，由于很多文身店的消毒做的都不是很好，若是文身器上面粘有 HIV，健康人在文身的时候一样会通过血液被传染上艾滋病。

3.将预防艾滋病工作纳入企业劳动保护、职业安全卫生工作中。

4.在工作场所广泛开展防治艾滋病宣传教育，提高员工对艾滋病的认识，增强预防意识。

5.尊重艾滋病感染者的权利，创造不歧视艾滋病人的工作环境，并为他们保密。

6.帮助艾滋病感染者及其家庭，使他们了解其能够得到的支持与关怀，促使他们自愿接受咨询和检测。

班会第七项：班主任总结

班会结束了，班会主要是以六大步进行的，通过同学有步骤地讲解，一目了然地让同学们了解关注到艾滋病，中间播放同学自演的短片和游戏环节先是带动了气氛再是通过这些形式让同学更真实地了解艾滋病。

班会第八项：主持人致结束语

此次以预防艾滋病的知识宣传为主题的班级活动取得了圆满的成功。虽说这次班会准备得有点仓促，但班委的各项分工合作仍是有序地进行，同学们也非常积极的配合，生命只有一次、幸福快乐掌握在自己的手里。希望大家能够树立正确恋爱观，养成良好的自我防护意识。

课外拓展

以小组为单位制作预防艾滋病的手抄报。

项目五　学生国家安全教育

班会背景

大量事实表明，随着我国综合国力的不断增强和国际战略格局的深刻变化，境外间谍情报机关从各自国家战略利益需要出发，不断加大对我国间谍情报活动的力度，其中大学生成了间谍活动的主要对象。增强学生的国家安全意识、风险意识、反间谍意识、保密意识和政治警觉，营造良好的自觉履行维护国家安全责任义务和教育的氛围，切实加强大学生反间谍斗争能力十分必要。

班会目的

1. 让学生了解什么是国家安全；
2. 帮助学生树立国家利益高于一切的观念；
3. 使学生善于识别间谍各种伪装；
4. 让学生认识国家安全包含哪些内容。

班会设计（形式）

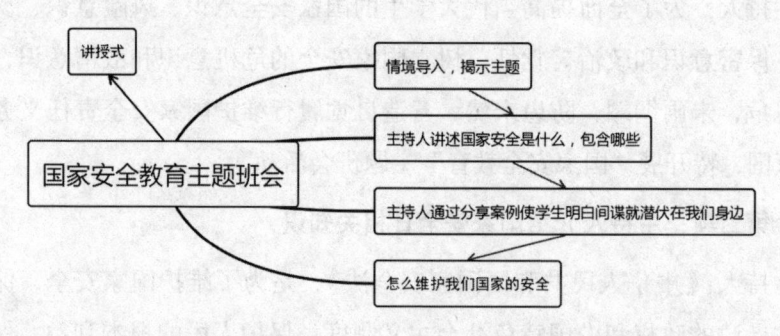

图例3-9　班会方案（图片来源：襄阳职业技术学院刘群群）

班会准备

1. 告知同学们班会主题及主要框架步骤；
2. 让同学们搜集"国家安全日"相关知识；
3. 让同学们搜集损坏国家安全的案例及维护国家安全的案例；
4. 主持人提前准备，班会时脱稿主持。

班会流程

班会流程图

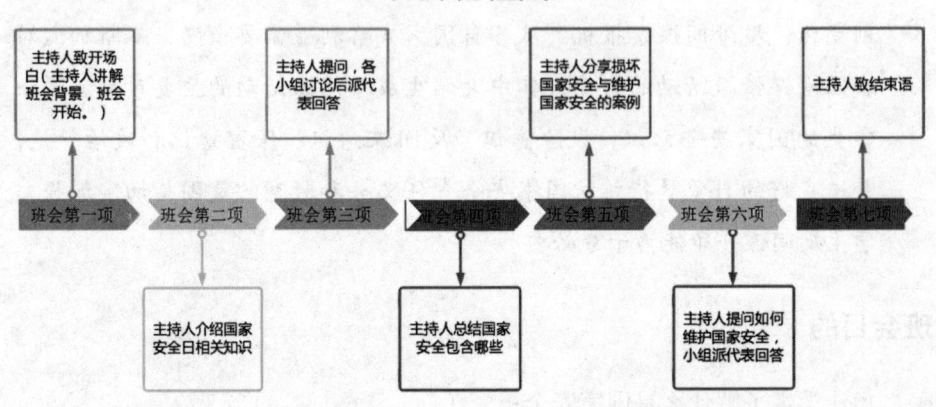

```
主持人致开场          主持人提问，各       主持人分享损坏
白（主持人讲解         小组讨论后派代      国家安全与维护       主持人致结束语
班会背景，班会         表回答              国家安全的案例
开始。）
    ↓                    ↓                    ↓                    ↓
班会第一项 → 班会第二项 → 班会第三项 → 班会第四项 → 班会第五项 → 班会第六项 → 班会第七项
                ↓                            ↓                    ↓
         主持人介绍国家                主持人总结国家        主持人提问如何
         安全日相关知识                安全包含哪些          维护国家安全，
                                                           小组派代表回答
```

图例3-10　班会流程（图片来源：襄阳职业技术学院刘群群）

班会过程

班会第一项：主持人致开场白

主持人：为了全面提高当代大学生的国家安全意识、风险意识、反间谍意识、保密意识和政治警觉性，树立国家安全的危机意识和敌情意识，做到居安思危，未雨绸缪，防患未然，营造自觉履行维护国家安全责任义务和教育的氛围，特开展"国家安全教育"主题班会活动。

班会第二项：主持人介绍国家安全日相关知识

主持人：《中华人民共和国国家安全法》，是为了维护国家安全，保卫人民民主专政的政权和中国特色社会主义制度，保护人民的根本利益，保障改革开放和社会主义现代化建设的顺利进行，实现中华民族伟大复兴，根据《中华人民共和国宪法》制定的法规。2015年7月1日全国人大常委会通过的《中华人民共和国国家安全法》第十四条规定，每年4月15日为全民国家安全教育日。

班会第三项：主持人提问，各小组讨论后派代表回答

主持人：同学们知道什么是国家安全吗？

一组代表：我们小组讨论后认为，国家安全就是领土完整；

二组代表：我们小组讨论后认为，国家安全就是国泰民安；

三组代表：我们小组讨论后认为，国家安全就是经济持续发展，人均资源比例更大。

主持人：国家安全是指国家政权、主权统一和领土完整、人民福祉、经济社会可持续发展和国家其他重大利益相对处于没有危险和不受内外威胁的状态，以及保障持续安全状态的能力。我们必须毫不动摇坚持中国共产党对国家安全工作的绝对领导，坚持集中统一、高效权威的国家安全工作领导体制。

主持人：那么，同学们知道国家安全包括哪几部分安全吗？

一组代表：我们组认为，国家安全包括土地安全、资源安全。

二组代表：我们组认为，国家安全包括社会安全、政治安全。

三组代表：我们组认为，国家安全包括经济安全、文化安全。

班会第四项：主持人总结国家安全包含哪些

主持人：刚刚各小组代表回答的都没错，但国家安全不仅仅只包括了刚刚各代表所说的几种，它一共包含了十二种安全：

[**政治安全**] 政治安全攸关党和国家安危，其核心是政权安全和制度安全。政治安全是国家安全的根本，经济、社会、网络、军事等领域安全的维系，最终都需要政治安全为前提条件；其他领域的安全问题，也会反作用于政治安全。

[**经济安全**] 经济安全是国家安全体系的重要组成部分，是国家安全的基础。维护经济安全，核心是坚持社会主义基本经济制度不动摇，不断完善

社会主义市场经济体制，坚持发展是硬道理，不断提高国家的经济整体实力、竞争力和抵御内外各种冲击与威胁的能力，重点防范好各种重大风险挑战，保护国家根本利益不受伤害。

[国土安全] 国土安全涵盖领土、自然资源、基础设施等要素，是指领土完整、国家统一、海洋权益及边疆边境不受侵犯或免受威胁的状态。国土安全是立国之基，是传统安全备受关注的首要方面。

[社会安全] 社会安全是国家安全的重要内容，包括防范、消除、控制直接威胁社会公共秩序和人民群众生命财产安全的治安、刑事、暴力恐怖事件，以及规模较大的群体性事件等。社会安全工作涉及打击犯罪、维护稳定、社会治理、公共服务等各个方面，与人民群众切身利益息息相关。

[网络安全] 当今世界，网络空间已成为与陆地、海洋、天空、太空等重要的人类活动空间一样的新领域。同时，网络安全也相伴而生，世界范围内网络犯罪时有发生，网络监听、网络攻击、网络恐怖主义等成为全球公害。网络安全与各安全领域相互交融、相互影响，已成为我国面临的最复杂、最现实、最严峻的非传统安全问题之一。没有网络安全就没有国家安全。

[军事安全] 军事安全是指国家不受外部军事入侵和战争威胁的状态，以及保障这一持续安全状态的能力。军事安全既是国家安全体系的重要领域，也是国家其他安全的重要保障。新形势下维护我国军事安全，要有效应对国家面临的各类安全威胁，筹划和推进国防和军队建设，平时营造态势、预防危机，战时遏止战争、打赢战争。

[文化安全] 文化是民族的血脉，是人民的精神家园。文化安全是国家安全的重要保障。维护国家文化安全，必须坚持社会主义先进文化前进方向，坚持以人民为中心的工作导向，坚定文化自信，增强文化自觉，加快文化改革发展，加强社会主义精神文明建设，建设社会主义文化强国。

[科技安全] 科技安全是指科技体系完整有效，国家重点领域核心技术安全可控，国家核心利益和安全不受外部科技优势危害，以及保障持续安全状态的能力。科技安全是国家安全体系的重要组成部分，是支撑国家安全的重

要力量。维护科技安全既要确保科技自身安全，更要发挥科技支撑引领作用，确保相关领域安全。

[生态安全]生态安全是指一个国家具有支撑国家生存发展的较为完整、不受威胁的生态系统，以及应对国内外重大生态问题的能力。我国作为一个领土、人口大国，随着经济社会的快速发展，资源约束趋紧，环境污染严重，生态系统退化，生态问题日益成为经济社会发展中的焦点问题。维护生态安全直接关系人民群众福祉、经济可持续发展和社会长久稳定，生态安全成为国家安全体系的重要组成部分和基石。

[资源安全]从国家安全角度看，资源的构成包括水资源、能源资源、土地资源、矿产资源等多方面。资源安全的核心是保证各种重要资源充足、稳定、可持续供应，在此基础上，追求以合理价格获取资源，以节约、环境友好的方式利用资源，保证资源供给的协调和可持续。

[核安全]核能的开发利用给人类发展带来了新的动力。同时，核能发展也伴生着核安全风险和挑战，核武器扩散、核武器国家的对峙和军备竞赛依然存在。随着国际恐怖主义威胁的上升，潜在的核恐怖主义已成为国际社会的隐忧。遍布世界的核材料、核设施，存在着因核事故、核犯罪而导致核污染、核泄漏乃至核攻击的风险。

[海外利益安全]海外利益是国家利益的重要组成部分。海外利益安全主要包括海外能源资源安全、海上战略通道以及海外公民、法人的安全，其维护方式多种多样，如开展海上护航、撤离海外公民、应急救援。随着新一轮对外开放全面推进，特别是"一带一路"建设加快实施，海外利益安全日益关乎我国整体发展利益和国家安全，维护海外利益安全成为一项重要任务。

主持人：那么同学们知道哪些行为是损坏国家安全的呢？

一组代表：我们组认为，不遵守国家法律，散播国家秘密的行为是损坏国家安全的行为；

二组代表：我们组认为，传播迷信、邪教等的行为是损坏国家安全的行为；

三组代表：我们组认为，煽动群众推翻政府是损坏国家安全的行为。

主持人：各位代表说得不错，同时我也为大家总结了以下几大损坏国家安全的行为。

1. 阴谋颠覆政府，分裂国家，推翻社会主义制度；
2. 参加间谍组织或者接受间谍组织及其代理人任务的；
3. 窃取、刺探、收买、非法提供国家秘密；
4. 策动、勾引、收买国家工作人员叛变的；
5. 在境内实施危害社会安全行为的；
6. 在境内实施恐怖活动的；
7. 宣传邪教的。

班会第五项：主持人分享损坏国家安全与维护国家安全的案例

案例一：赚钱心切，误入间谍陷阱

陷阱：谋求兼职，遇到"热心大哥哥"

小李是郑州市某大学的学生，学习之余考虑找兼职。2018年11月16日，他的QQ好友申请闪动，有陌生人请求添加好友。小李没多想，通过了申请，对方开始对话交谈，热心询问了小李的家庭背景和学习专业、生活情况。在交流的过程中，对方自称是一家军民融合企业的公司职员，目前正在进行军民融合项目调研，还称自己也是从一名普通大学生走过来的，对于小李目前的人生规划可以提出经验指导，就兼职来说，可以提供不少建议甚至是介绍不错的工作机会。

小李说，他感觉对方是事业有成的"前辈"，像一位"热心大哥哥"对自己提出建议，提供帮助。在这期间，小李向对方透露自己曾参加空军招飞，知晓一些涉军资料信息等。对方对此大加称赞，双方互相添加了微信。

"现在想想，他就是在知道我的学业规划、兼职想法等信息后，主动跟我套近乎，让我减少对他的陌生戒备，一步步接近我的。"小李告诉大河报记者，当初的"热心"，事后看来就是精心布置好的陷阱。

迷惑：去图书馆翻拍几本杂志，获上千元报酬

以后一段时间内，对方不时通过微信，给小李发送问候祝福信息。

起初，小李对于对方提出的兼职工作，并没有太上心，因为对方关注的都是国家军事领域的信息，距离大学生很远。但小李对比身边兼职同学的情况发现，同学们要么是去饭店打工，要么就是发传单等，这些兼职一天80元，无论是经济收入还是经验积累，都达不到自己的要求。

今年1月，小李因为经济问题，手头紧张，就主动向对方提出兼职的需求。对方称公司正在搞一个军民融合项目，提出让他拍摄一些军事杂志的图片，并先给小李微信转了100元钱的定金。

小李在学校没有找到相关的资料，便利用假期到老家图书馆内找到8本军事杂志，用手机拍摄了700多张图片，随后通过图片压缩包方式传送给对方。让小李高兴的是，对方通过微信转账给他支付了1800元的报酬，前6本杂志1000元，后2本杂志800元，"当时感觉对方公司比较有实力，出手阔绰，相比之下，这份兼职工作挺轻松的"。

接下来，对方要求小李搜集一些针对我国海军成立70周年阅兵以及新中国成立70周年国庆阅兵的信息。小李说，"这些信息我不知道从哪获得，就从网上搜集一下媒体的报道给对方"。其间，小李还向对方谎称自己认识军校的同学，"想着这样可以骗取对方的信任，从对方身上多挣钱"。这份简单的兼职，经过统计，让小李先后共收到酬金2900元。

败露：小李的"兼职梦"被打破

起初，小李对对方的身份并没有产生怀疑，不过，沟通中对方的反常行为让小李有点怀疑。因为对方多次打听他招飞的情况，而且不问飞行员录取后怎么办，专门问淘汰后的飞行员去哪了等。这让小李觉得不靠谱，不是找兼职的，像是打探情报的。不过，在他看来，自己根本不会碰上间谍。今年2月，在一次聊天中，小李以同学的口吻试探询问对方"是不是间谍啊"。对方没有直接回答，仅仅回复了一个简单的表情符号。

就在小李内心犯嘀咕时，学校辅导员打电话找他，他才意识到"不对劲儿"。接着，郑州市国家安全局的侦察员找他谈话，并扣押了他的手机和电脑。

经过进一步调查取证，郑州市国家安全局的侦察员发现和小李联系的军民融合企业公司职员，实际上是境外间谍情报机关人员，他以兼职为由策反利诱小李从事窃密活动。

得知对方确为境外间谍，小李觉得不可思议又懊悔不已，"这些间谍就是抓住大学生想做兼职，又想赚快钱的心理，才让我一步步上套"。值得庆幸的是，国家安全机关及时终止了他的错误行为，避免他在错误的道路上愈陷愈深。

案例二：机智警觉，维护国家安全

意外：收到"某研究中心研究员"发来的邮件

小张是郑州市某大学大一学生，课余时间喜欢军事、政治方面的新闻。近日，在小张的宿舍内，他讲述了自己和境外间谍隔空的"网斗剧"。

2018年11月的一天，小张登录QQ上网时发现，他所在的"军事爱好者群"有陌生人员主动与其联系，添加好友后，对方问了他学习专业、兴趣爱好、家庭关系、社会交往等信息。

对方自称是"某研究中心研究员"，希望能够获得小张的帮助，完成一些领域的研究。

大河报记者在小张的QQ邮箱中看到了这份邮件，"我是境外民间（某研究中心）王研究员，因研究需要搜集各类信息，非诈骗、酬劳高，如有意愿或兴趣了解请回信息联络！"

出于好奇和兼职考虑，小张询问对方的工作信息以及需要哪些方面的资料。对方回复称，"我受雇于境外民间企业公司，对中国发展有着极大的研究兴趣，目前主要负责社会文化、政治、军事方面的研究……"

警觉：看过《大河报》报道，怀疑对方"可能是间谍"

邮件让小张很兴奋，这是一份很有"面子"的兼职，不仅能挣外快补贴学业，还能得到锻炼。

不过，让小张有点疑惑的是，对方需要他搜集的资料都是关于国家各个方面的政策方针，还有一些军事资料。"去年，我看过《大河报》关于郑州军工领域一个专家被间谍策反偷情报的报道，再加上日常喜欢关注军事时政信息，就感觉对方要的东西'不太正常'！"小张给出自己疑惑的理由，并发信息试探对方的意图。

在来往数封邮件和聊天信息后,小张总结发现对方的最终目的:兼职即可,给高薪报酬当回报,根据指令搜集我部队、军事等相关领域信息。

"在聊天的时候,对方总是把'军'写成'君'或'均','武警'写成'wj',并说有些字眼太敏感,不方便写明白;还有,既然是民间组织,为何频频打探军事信息?我怀疑对方不是什么研究员,可能是境外间谍情报机关人员。"小张说,随后,他第一时间拨打国家安全机关受理公民和组织举报电话12339,主动寻求与国家安全机关联系对接,并到国家安全机关反映自己掌握的情况。

真相:"某研究中心研究员"实为境外间谍

河南省国家安全厅收到小张的举报后,进行了核实调查,并作出确认。

省国家安全厅相关工作人员介绍,近年来境外间谍情报机关对我国大学生的勾连策反越来越多,全国国家安全机关已侦办多起涉及大学生的间谍案,我省也多有发现。

根据线索,郑州市国家安全局侦察员按照部署,跟进线索一一查证,并开展立案布控,最终查明和小张联系的"某研究中心王研究员",真实身份为境外间谍情报机关人员。

由于小张的及时举报,国家安全机关第一时间消除了相关间谍窃密的敌情隐患,维护了国家安全。

省国家安全厅也对小张不为金钱蒙蔽利诱,主动协助国家安全机关工作的行为表示称赞,并决定按照相关规定对其给予奖励。

班会第六项:主持人提问,小组派代表回答

主持人:那么我们应该如何维护国家安全呢?

一组代表:我们组的讨论结果是,我们应该在学校遵守校纪校规,在企业中认真工作;

二组代表:我们组的讨论结果是,我们应该在学校宣传维护国家安全人人有责,进入社会在企业中不散播谣言;

三组代表:我们组的讨论结果是,我们应该在学校树立维护国家安全的观念,在企业中不忘为人民服务的初心。

主持人：经过之前的学习，各位同学对于如何维护国家安全已经有了一个初步的认识，我也为大家总结了一些维护国家安全的方法。

1. 要努力熟悉有关国家安全的活动、法规。弄清什么是合法，什么是违法，可以做什么，不能做什么。其中，特别应当熟悉以下一些法律、法规：宪法、国家安全法、保密法、刑法、刑事诉讼法、科学技术保密规定、出国留学人员守则等，对遇到的法律界限不清的问题，要肯学、勤问、慎行。

2. 维护国家安全和社会稳定，要始终树立国家利益高于一切的观念。邓小平同志指出："国家的主权、国家的安全要始终放在第一位。"一位著名的政治家也说过："没有永久不变的国家友谊，只有永久不变的国家利益。"国家安全和社会稳定涉及国家社会生活的方方面面，是国家、民族生存与发展的首要保障。科学技术是没有国界的，但人才不能没有自己的祖国。所以，把国家安全和社会稳定放在高于一切的地位，是国家利益的需要，又是个人安全的需要，也是世界各国的一致要求。

3. 要积极配合国家安全机关的工作。国家安全机关是国家安全工作的主管机关，是与公安机关同等性质的司法机关，分工负责间谍案件的侦查、拘留、预审和执行逮捕。

4. 大学生自觉维护国家安全和社会稳定符合国家和人民的根本利益。我们都希望生活在一个安全、稳定的社会之中，都希望国家富强起来、人民富裕起来，都希望顺利实现现代化建设的宏伟目标，那么，作为一名合格的大学生，更应该为国家安全和社会稳定做出我们应尽的责任。

班会第七项：主持人致结束语

今天我们在此召开本次班会，希望同学们可以在今后树立维护国家安全人人有责的观念，也希望各位同学可以在实践中做到维护国家安全。

班会第八项：班主任总结

主持人：今天的班会对于各位同学来讲意义重大，国家安全关系着我们每个人，试问如果国家都不安全了，我们又会何去何从呢？我希望各位同学认真消化今天班会的内容，真正树立起维护国家安全人人有责的观念，并能将之付诸实际。

课外拓展

以小组为单位制作维护国家安全的海报。

项目六　学生法治安全教育

班会背景

高等学校中加强对大学生的法治教育，是新形势下大学生思想政治教育的重要组成部分，是培养大学生健康思想和法制观念的重要途径。目前在校大学生不懂法甚至违法的现象，暴露出了当前高校大学生法治教育薄弱的问题。大学生肩负着全面建设社会主义现代化国家的历史重任，他们在学习科学知识的同时，其法律意识、法制观念如何，将直接关系和影响着我国社会的法治建设。特别是在当前青少年违法犯罪率不断上升的情况下，切实加强对大学生的法治教育，使他们知法、懂法、守法，提高他们的综合素质，就显得尤为重要。法制教育是高校思想政治教育的重要部分，高校要提高对法制教育重要性和必要性的认识，采取有效的措施切实搞好大学生的法治教育。

班会目的

1. 让学生了解各种法律法规，知道运用法律武器保护自己的权利和利益；
2. 使学生认识违法和犯罪的区别，养成自觉遵守和维护法律的习惯；
3. 增强同学们同违法犯罪行为进行抗争的意识，培养他们运用法律的能力。

班会设计（形式）

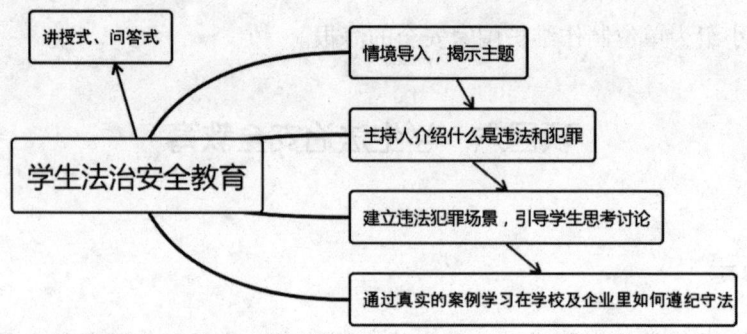

图例3-11　班会方案（图片来源：襄阳职业技术学院刘群群）

班会准备

1. 收集违法犯罪的真实案例；
2. 准备校园与企业里如何遵纪守法的知识；
3. 主持人提前准备，主持时脱稿主持。

班会流程

班会流程图

班会第一项：主持人致开场白。（主持人讲解班会背景，班会开始。）

班会第二项：主持人提问违法和犯罪的区别，引导学生思考回答

班会第三项：主持人分享一个事故案例并提问有哪些违法行为，同学们小组讨论后由代表发言

班会第四项：主持人分享违法犯罪的真实案例

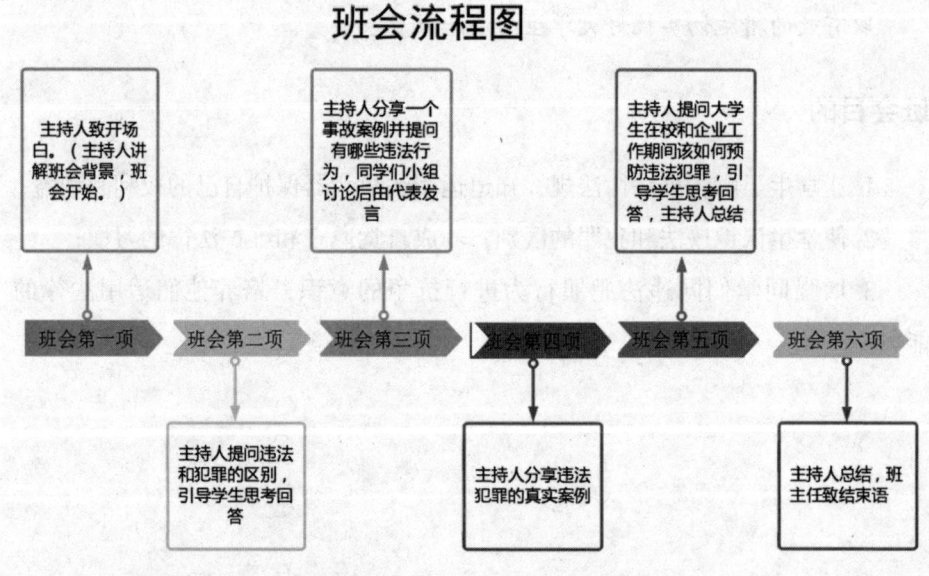

班会第五项：主持人提问大学生在校和企业工作期间该如何预防违法犯罪，引导学生思考回答，主持人总结

班会第六项：主持人总结，班主任致结束语

图例3-12　班会流程（图片来源：襄阳职业技术学院刘群群）

班会过程

班会第一项：主持人致开场白

现在很多的孩子生活在幸福、温暖的家庭里，受到父母和家人的关心、爱护甚至是溺爱，所以对于违法犯罪的概念与防范违法犯罪的意识很欠缺，今天我们在此召开本次以法制教育为主题的班会，希望同学们可以从中学习到自己所欠缺的相关知识，那么，我宣布本次班会正式开始。

班会第二项：主持人提问违法和犯罪的区别，引导学生思考回答

主持人：同学们知道什么是违法，什么是犯罪吗？

发言人：违法不一定是犯罪，但是犯罪一定是违法。

主持人：没错，这位同学说得很对，违法不一定是犯罪，但是犯罪一定是违法。那么现在就让我为大家仔细分辨二者的不同：

违法——指违反法律规定，危害国家、社会和公民利益，依法应当承担法律责任的行为。通常表现为对正常社会秩序的破坏，对公民人身权利和公私财产等合法权益的侵犯。犯罪——指严重危害社会，触犯刑法，应当受到刑事处罚的行为。

班会第三项：主持人分享一个事故案例并提问，同学们小组讨论后由代表发言

主持人：我们接下来通过一个真实的案例来认识一下违法和犯罪。事情发生在某小区的住宅楼，这天正是星期日，三位初中生在四楼的楼道窗前嬉戏，甲失手将乙推出窗外，乙重重地从高达20米的四楼摔了下来。当时乙的脸色铁青，血从鼻孔、耳孔直往外淌。后来，乙被市医院急救车救走。现在有四个问题摆在了这里，请各位同学思考后举手回答。

问题一：甲失手打伤乙，算不算违法？

发言人一号：我认为这并算不上违法，甲与乙是在打打闹闹中发生意外的，受伤是个意外，并算不上违法。

发言人二号：我有不同的看法，我认为甲已经构成了违法，虽然二者是在打闹中发生的意外，但是甲对乙造成了人身伤害，这就已经构成了违法。

主持人：二位各抒己见，但是最终正确的是二号发言人，有没有构成一定的社会危害程度是确定是否违法犯罪的重要依据。比如两人开玩笑，你打我一下，我打你一下，没什么伤害，不是违法，但如果其中一人不注意打到另一人的眼睛上，把眼睛打坏了，达到伤残的程度，那他就是违法了，就必须承担法律责任。所以案例中的甲造成了乙从楼上摔下严重受伤，显然违法了。

问题二：甲违反了什么法？

发言人一号：我认为甲违反了故意损害他人人身安全法；

发言人二号：我认为甲违反了蓄意伤害他人并造成严重损伤法。

主持人：同学们说得很对。其实在法律上，违法行为还分为一般违法行为和严重违法行为两种类型，他们的区分有明确的法律条文，但有一点是肯定的，那就是严重违法行为对人或社会造成的危害比一般违法行为大。所以甲的失手造成了对乙的严重伤害，他的行为已构成了严重违法，也就是俗称的犯罪。甲触犯了侵犯公民人身权利罪。

问题三：你认为案例中的甲应该受到怎样的法律惩罚？

发言人一号：我认为甲应该受到担负乙的医治费用的惩罚；

发言人二号：我认为甲还应该受到坐牢的惩罚。

主持人：同学们，你们可知道，确定一个人有没有犯罪，犯了什么罪，以及应该受到怎样的制裁，不是凭感情用事，也不是一个人说了算的，在法律上，都有明确的条文作为依据。根据《刑法》第四章侵犯公民人身权利、民主权利罪第二百三十五条：过失伤害他人致人重伤，处三年以下有期徒刑或拘役。

问题四：从这个案例中，你受到了哪些启示？

发言人一号：我受到的启示是我们在嬉戏玩闹的时候应该注意分寸，不能太过火；

发言人二号：我受到的启示是我们要时时刻刻注意维护自身的安全。

主持人：同学们说得非常的好！是的，我们都是活泼好动的少年，爱玩是我们的天性，但我们在玩笑时，千万要注意安全，不要因为一时的冲动伤害了别人，也不能因为一时大意让别人伤害到自己，这样的后果是既触犯了法律，又造成了双方一辈子的痛苦。那将是多么惨痛的事啊！希望同学们从今天开始注意与同学和睦相处，玩笑时注意分寸，课间注意文明休息，别让那冲动的一瞬间成为悲剧的开始。另外，我们要多学法，时刻用法律约束自己的行为，做一个知法、守法的好公民！我为大家搜集了一些我们身边的以及社会中的违法犯罪的案例，让我们一起来看看。

班会第四项：主持人分享违法犯罪的案例

案例一：

2020年8月，刘某学办理休学手续后到河北省石家庄市打工，在网上看到收购手机卡的信息后，办理多张手机卡出售给郭某凯所在的贩卡团伙。后为尽快挣钱，刘某学主动加入该团伙成为"收卡人"。该团伙长期在北京、石家庄等地收购手机卡，贩卖给电信网络诈骗等违法犯罪团伙使用。经统计，郭某凯通过自己及其下线收购、贩卖手机卡3700张，获利人民币5.7万余元；刘某学收购、贩卖手机卡871张，获利人民币1.5万余元。2020年8月23日，耿某云在微信兼职群内看到郭某凯团伙发布的收购手机卡信息后，用自己身份证办理9张手机卡并按照郭某凯要求交给刘某学，由刘某学验卡、拍照后通过快递寄出，耿某云获利人民币450元。其中一张手机卡被用于实施电信网络诈骗犯罪，导致河北省井陉县一名被害人被骗人民币35万余元。

2020年10月9日和11月16日，河北省石家庄市井陉县公安局以郭某凯、刘某学、耿某云涉嫌帮助信息网络犯罪活动罪提请批准逮捕。井陉县人民检察院经审查，决定批准逮捕郭某凯、刘某学，不批准逮捕耿某云。2021年3月10日，井陉县公安局对耿某云终止侦查，进行训诫。同年3月25日，河北省通信管理局对耿某云作出惩戒决定，2年内停止新入网业务，各基础运营商只保留1个手机号码。

2020年12月15日，井陉县公安局以郭某凯、刘某学涉嫌帮助信息网络犯罪活动罪移送起诉。2021年1月12日，井陉县人民检察院以帮助信息网络犯罪活动罪对郭某凯、刘某学提起公诉。2021年3月16日，井陉县人民法院做出一审判决，以帮助信息网络犯罪活动罪判处郭某凯有期徒刑一年十个月，并处罚金人民币二万元；判处刘某学有期徒刑八个月，并处罚金人民币一万元。郭某凯、刘某学未上诉，判决已生效。

案例二：

2019年10月，江苏南通市公安局网安部门工作发现，网民李某多次在"暗网"交易平台出售银行开户、手机注册等公民个人信息，数量高达500余万条。经侦查，公安机关查明，李某真实身份为林某。2019年初，林某在"telegram"群组结识某公司安全工程师贺某，林某以40万的价格从贺某处购得银行开户、手机卡注册等各类公民信息350余万条，并通过"暗网"销售给经营期货交易平台、推销POS机的费某、王某等人，非法牟利70余万元。11月12日至26日，南通公安机关先后在上海、苏州、武汉等地抓获犯罪嫌疑人林某、费某、王某、贺某等犯罪嫌疑人11名，查获公民个人信息2000余万条。

案例三：

2020年1月，贵州安顺市公安局网安部门工作发现，一新浪网民在网上举报有人在微信朋友圈内大肆传播疫情防控重点人员信息。安顺网安部门立即开展网上侦查，查明该批涉疫情公民个人信息传播源头为安顺市天柱县某街道社区工作人员杨某，杨某在工作中获取了疫情防控人员信息后向好友发送，造成相关信息在微信中迅速扩散，造成恶劣影响。安顺公安机关依法对杨某行政拘留15日、罚款5000元。

班会第五项：主持人提问大学生在校和企业工作期间该如何预防违法犯罪，引导学生思考回答

主持人：我们在学校中、在企业中应该如何做到遵纪守法呢？

一组代表：我们组讨论后认为，我们在学校应该遵守校纪校规，等今后到了企业中我们应该遵守企业制度，做一个合格的员工；

二组代表：我们组讨论后认为，我们在学校应该树立遵纪守法的观念，在企业中提高自制力，不要有自私自利的心态；

三组代表：我们组讨论后认为，在学校我们应该重视文化素质与道德水平的提高，在企业中应该摆正三观，树立正确的人生观、价值观、社会观。

主持人：各位代表说的都不错，同时我也为大家总结了以下几点措施。

在校园内：

1. 大学生应该自觉自愿地恪守法律和履行法定义务。法律是最底线的道德，因为在任何国家和任何社会形态中，法律与占统治地位的道德原则在本质上是一致的。因此，守法也便成为大学生的基本道德要求，不守法的大学生便不是有德行的公民。而大学生守法的首要道德规范，那就是对法定义务的自觉自愿地积极履行。

2. 大学生应该积极主动地主张和行使法定权利。现代法治的核心理念就是权利及其实现。但是法定的权利如果不在现实生活中得以主张、申诉，很多时候对于当事人来说，就是一纸空文。因此，为权利而斗争不仅是大学生的权利，而且也是其道义上的义务。

3. 大学生应该努力在生活中践行积极守法行为。积极守法，是指以法律主人的姿态出现，自觉、主动、创造性地按照法律规定，在法律的激励下，去做一切有利于贯彻法律的事情，推动法律的完善和发展，积极守法者既是守法的主体，又是法律的主人，积极守法是大学生守法的美德境界、愿望的道德境界。

4. 重视大学生文化素质和道德水平的提高。高校大学生的世界观、人生观、价值观尚未完全成熟，容易受社会的不良因素和现象影响。在当前的社会转型期，社会上出现了一些像暴力、荒谬以及拜金主义、享乐主义、极端个人主义等文化糟粕。这些道德观和文化所形成的价值观，诱导大学生走上违法犯罪之路。因此，必须把加强大学生思想道德观念的教育提上重要的日程，引导大学生正确认识自我、认识社会，树立正确的世界观、人生观、价值观。

在企业中：

1. 严于律己

作为企业的一名员工，不仅肩负着发展国家经济的重任，还肩负着国家神圣的政治使命。要时刻提醒自己不能触法违法，必须严于律己，时刻以一名党员的身份要求自己的言行。

2. 三观要正

想要成为一名遵纪守法的好员工，我们必须树立正确的人生观、价值观和世界观，不能违背社会的发展方向，在思想上坚定自己的信念，坚决抵御外来的各种诱惑。

3. 克服自私自利

想要成为一名遵纪守法的好员工，在做任何事情之前，必须遵守一个原则，就是国家利益、人民利益放在首位，不可损人利己，不可以牺牲国家、人民集体利益为己谋私。

4. 克服人性弱点

但凡是人，都有弱点，更不能被爱占便宜的心理占据甚至主导了自己的言行。必须通过自己的辛苦劳动获得硕果，切不可好吃懒做，要懂得什么该做、什么不该做。

5. 增强自身的职业素质

一个人犯罪并非偶然，而是由于长期的不自律而导致的恶果。平时必须多学习法律法规，在职业操守中，知道哪些行为会触犯法律，决不能去做。

6. 严格按照规章制度办事

我们在企事业单位上班，都有相应的规章制度，作为一名员工，必须严格遵守这些规章制度，才能让自己更好地与公司员工、客户相处，提高警惕性，不能越权，更不能徇私舞弊，一切以集体利益为基础。

班会第六项：主持人致结束语

主持人：通过今天的班会，我相信大家一定受益匪浅并树立正确的人生观、价值观、世界观，也能做一个遵纪守法的优秀大学生，现在我宣布本次班会圆满结束。

班会第七项：班主任总结

班主任：本次班会以法制教育为主题，与我们息息相关，我希望同学们可以从中学习到遵纪守法的重要性以及我们应该如何做到遵纪守法。

课后拓展

同学们以小组为单位搜集遵纪守法标语：

1. 弘扬法治精神，培育法律文化。
2. 开启法律明灯，照亮人生前程。
3. 法治是稳定的基石，和谐是发展的保障。
4. 弘扬宪法精神，树立宪法权威。
5. 科学立法，严格执法，公正司法，全民守法。
6. 依法生产，守法经营，合法发展。

项目七　学生防疫安全教育

班会背景

最新数据统计，自2020年新冠病毒席卷全球以来，全球累计感染人数达到44474万人，死亡病例达到601万。中国在疫情最艰难的时期，全国人民众志成城、万众一心，使我国的防疫工作取得了阶段性的胜利。但是我国疫情还远远没有结束，各种新冠的变异病毒也相继被发现，其中不乏致死率、传播率很高的"德尔塔""奥密克戎"等。此次班会将学习作为新冠疫情时期的大学生在校期间以及将来不久出去企业实习、工作时应该怎么做，才能为我们国家的防疫工作出上自己的一份力。同时学习疫情防控期间，挺身而出的"逆行者"的精神。

班会目的

1. 让同学们认识什么是新冠病毒及病毒的传播方式；
2. 使同学们知晓在各种场合我们应该如何预防新冠病毒；
3. 与同学们分享在疫情防控期间的英雄事迹，学习其精神。

班会设计（形式）

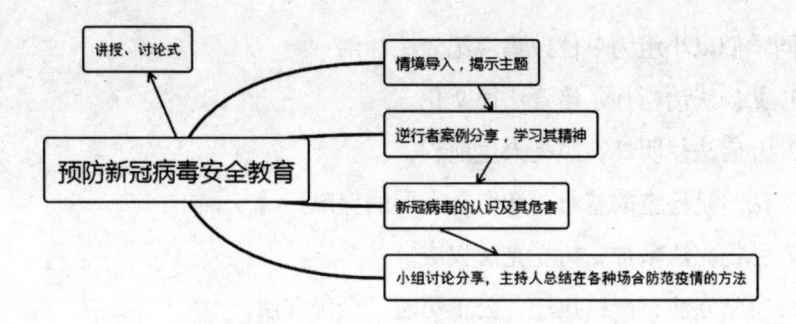

图例3-13　班会方案（图片来源：襄阳职业技术学院刘群群）

班会准备

1. 收集有关新冠疫情传播途径的相关知识；
2. 收集在校和在企业实践工作期间预防疫情传播的相关措施；
3. 收集疫情防控期间各种"逆行者"的英雄事迹。

班会流程

班会流程图

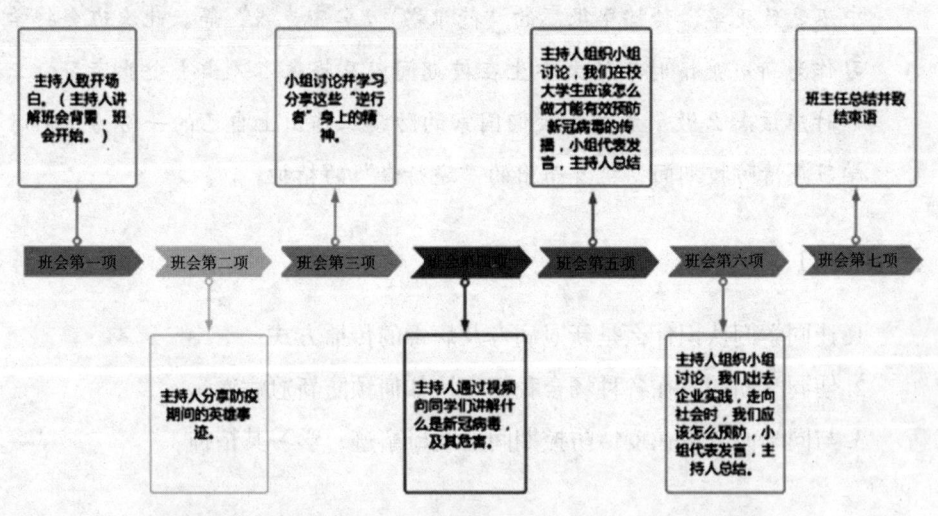

图例3-14　班会流程（图片来源：襄阳职业技术学院刘群群）

班会过程

班会第一项：主持人致开场白

主持人：本应是平静安宁的秋天，一场悄无声息的新冠疫情席卷而来，在武汉暴发。这场疫情为我们带来的危害好比2003年的"非典"，其突发性和危害性极其迅猛，从一个城市逐渐在全国各地纷纷散播开来，不过数月就席卷全球。疫情无情人有情，在这场防疫战中出现了许多英雄，他们始终奋战在防疫第一战线，更有许多英雄为此献出了宝贵的生命。今天我们再次开展防疫安全教育主题班会。

班会第二项：主持人分享防疫期间的英雄事迹

案例一：抗疫战士，逆行出征

2020年伊始，突如其来的新冠肺炎疫情席卷全球。1月19日，邱海波临危受命，出差途中接到国家卫健委指令后，立刻动身前往武汉。作为中央指导组医疗救治组专家、国家卫生健康委专家组成员，邱海波立即奔赴武汉市金银潭医院，几天时间泡在病房里，"把病人一个个都看了个遍"。从那时起，邱海波始终扎根抗疫一线，坚守在金银潭医院、武汉市肺科医院、武汉大学中南医院等医院的重症病区，近距离救治重症、危重症患者，指导疫情防控和重症病人的救治工作。在巡诊过程中，邱海波发现俯卧位通气疗法对多数重症病人都有很好的治疗效果，在他的推动下，俯卧位通气治疗被写入了新冠肺炎诊疗方案中，被国家卫健委在全国范围内推广。由于气管插管的瞬间大量病毒的飞沫会喷出，感染的风险很大，一些医务人员对气管插管等高危操作存在疑虑，邱海波就穿上防护服，一次次讲解，一遍遍示范。"这个时候我必须上。"邱海波说，面对蔓延的严峻形势，"人等床"的问题比治疗更棘手。邱海波自己动手搬氧气钢瓶，与专家组的专家们提议增设重症收治医院、举全国之力组建"援鄂医疗队"驰援武汉，这些举措使重症患者得到及时有效的治疗，体现了中国速度、中国力量。

邱海波说："我只是做了一名重症医生应该做的事，疫情防控期间，每一个坚守岗位的人都是英雄，正如习近平总书记说的那样，'世上没有从天而降的英雄，只有挺身而出的凡人'。"白衣为甲，为国出征。整个2020年，邱海波先后转战湖北、黑龙江、吉林、新疆等地，有210天都在疫情一线冲锋陷阵。2020年11月，在江苏省抗击新冠肺炎疫情表彰大会上，邱海波作为江苏抗疫医护人员代表发言，他说："我是一名党员，组织派我去哪里，我就去哪里；我是一名重症医生，病人在哪里，我就在哪里。"邱海波的行李箱总是提前备好的，因为这样可以保证在接到指令的第一时间奔赴抗疫一线。2021年，他又多次闻令而动，前往辽宁、云南、福建、甘肃等地指导抗疫工作。

案例二：危急时刻，一个快递小哥的家国情怀

汪勇是义务送医护人员下班的"生命的摆渡人"。疫情防控期间，武汉封城，公共交通运营暂停，他挺身而出，一个人一辆车，自大年三十起每天义务接送武汉金银潭医院深夜下班的医护人员。在他的感召下，很多司机都纷纷加入，逐渐形成一支拥有30多辆车的志愿团队，解决了金银潭医院医护人员通勤问题。他是周到服务医护人员的志愿服务"组局者"。他动员社会力量参与疫情防控，多方联系餐馆供餐，落实1.5万份餐食，快速搭建起供餐应急配送网，解决金银潭医院7800多名医护人员的吃饭问题。他担任"物资站站长"，为援助金银潭医院医护人员送去温暖。他是援助金银潭医院医护人员的"知心人"。他收集在金银潭医院抗疫的医护人员日记300余份，组编《金银潭日记》，为援鄂医护人员镌刻美好烙印。

因疫情防控期间表现突出，汪勇被中共武汉市江汉经济开发区工委批准"火线"入党。被共青团中央、全国青联授予第24届"中国青年五四奖章"，被国家邮政局授予"最美快递员"特别奖，2020年9月被授予"全国抗击新冠肺炎疫情先进个人"称号。

班会第三项：小组讨论并学习分享这些"逆行者"身上的精神

主持人：没有从天而降的英雄，只有挺身而出的凡人。危急时刻，各条战线的勇士以生命赴使命，用大爱护众生。我们看到"疫情无情人有情"的人间大爱，看到"逆行者"在服务全国大局中的担当作为，更看到中国人民敢于压倒一切困难而不被任何困难所压倒的顽强意志，这是我们战胜前进道路上一切艰难险阻的力量源泉！

各小组讨论并分享：

一组发言人：我们组学到了为他人献身，无私奉献的爱心；

二组发言人：我们组学到了勇于奋战在抗疫第一线的勇气；

三组发言人：我们组学到了对抗疫情，临危不惧的冷静；

四组发言人：我们组学到了面对疫情，矢志不渝的信念。

班会第四项：主持人通过视频向同学们讲解什么是新冠病毒及其危害

主持人：新型冠状病毒肺炎是一种急性感染性肺炎，其病原体是一种先前未在人类中发现的新型冠状病毒，即2019新型冠状病毒，新冠病毒可在复制过程中不断适应宿主而产生突变。2020年2月7日，国家卫健委决定将"新型冠状病毒感染的肺炎"命名为"新型冠状病毒肺炎"，简称"新冠肺炎"。2月11日，世界卫生组织（WHO）将其英文名称命名为Corona Virus Disease 2019。

新型冠状病毒肺炎的危害性较大，主要表现为对个体健康、大众健康以及对社会经济的影响，具体如下：

1. 个体健康：新型冠状病毒肺炎的患者可以出现发烧、咳嗽、咳痰等临床表现，严重者还可出现呼吸窘迫综合征、低氧血症甚至败血症性休克以及多脏器损伤，对机体会造成较大的危害甚至导致死亡；

2. 大众健康：新型冠状病毒肺炎的传播较强且传播速度较快，可能引起大流行，危害性较大且感染人数较多；

3. 社会经济：在新型冠状病毒肺炎流行的情况下会采取隔离或封城等措施预防疾病扩散，所以会对经济造成影响。

班会第五项：主持人组织小组讨论，我们在校大学生应该怎么做才能有效预防新冠病毒的传播，小组代表发言，主持人总结

主持人：作为一名在校大学生，我们应该为防止新冠病毒的传播出上自己的一份力，那我们平常应该做什么才能预防新冠病毒的传播呢？请各小组讨论。

主持人总结发言：首先是听从国家号召，不随意走动。在疫情严重时期我们唯一能做的事情就是在家自我隔离。如果每一个人都能待在家里一段时间,就能从根本上切断病毒的传播途径,或许有很多人都不明白这一点,但大学生是明白这个缘由的,所以我们能做的就是听从国家的号召,不乱跑。

第二点是充分发挥个人价值。在疫情防控期间,很多地方都需要自愿奉献的志愿者,所以如果自己所在社区或者城镇需要志愿者,作为大学生应该积极参与,贡献自己的力量,"人多力量大,柴多火焰高"的道理同学们从小就开始学。所以说如果同学们有精力的话,当社会需要我们的时候,我们要积极响应号召。

第三点是宣传防疫知识。有一部分人群还不太理解疫情,也有很多人不太理解为什么隔离,这时候我们就需要站出来,为其他人普及与疫情相关的知识,人们明白其中的利弊,自然也能积极地响应国家的号召,自然也就不会为国家添乱了。这样也是为国家减轻了很大一部分负担。

虽然大学生不能像有经验的医生一样奋战前线,不能像有着强烈社会责任感的警察一样为社会维持秩序,但我们也能用我们所学得的知识、所拥有的能力去为国家为社会做出自己的贡献。

班会第六项:主持人组织小组讨论,我们去企业实践、走向社会时,我们应该怎么预防,小组代表发言,主持人总结

1. 平时在生活当中要注意讲究个人卫生,在咳嗽打喷嚏的时候要用纸巾将口鼻掩住。平时所使用的一些产品也要注意做好个人卫生,特别是一些公用的马桶圈、电话、座机等,要保持卫生,必要的时候还应该进行消毒。

2. 公共场所人员比较复杂,若遇到病毒携带者,很容易出现人与人之间的传染,所以如非必须的话,尽量少去人多空气流通性差的场所,比如商场、餐厅、码头、机场等地方。

3. 聚餐的时候,人与人之间接触比较密切,咳嗽、打喷嚏所产生的飞沫,会直接感染给所有聚集的人,所以传染性非常大,在新冠肺炎预防期间应该注意尽量不要聚餐。

4. 勤洗手,手会接触多种疾病,如果被新冠肺炎病毒感染的话,再去用手揉眼睛,容易通过眼部进行传染,如果感染了新冠病毒的手去摸嘴、摸牙齿的话,很快就容易让病毒进入体内。

5. 外出要佩戴一次性医用口罩或 N95 型口罩，做好口鼻的防护工作，对于一些起不到防护作用的口罩还应该注意，外出的时候不要随意佩戴。

6. 通过正规渠道，关注新型冠状病毒感染的肺炎疫情报道，避免前往正在发生疫情的地区。避免到封闭、空气不流通的公众场所和人集中地方，必要时佩戴口罩。需要乘坐公共交通工具时，建议佩戴外科口罩。〔浅色面朝里，深色面在外。鼻夹（金属条）在上方。褶皱下拉，完全覆盖口鼻，手捏鼻夹，戴紧。〕

7. 杜绝捕猎、贩卖、购买、加工、食用野生动物，避免在未加防护的情况下接触野生动物或养殖动物。尽量避免前往售卖活体动物（禽类、海产品、野生动物等）的市场。不屠宰或食用病、死禽畜或野生动物。养成良好安全饮食习惯，处理生食和熟食的切菜板及刀具要分开，家中肉蛋要充分煮熟。

8. 避免近距离接触任何有发热、咳嗽等症状的人，陪护就医时，一定要佩戴好合适的口罩。

班会第七项：主持人致结束语

主持人：当年的"非典"来势汹汹，但在全国人民的共同努力下，我们克服重重难题战胜了疫情。现如今，新冠疫情同样来势汹汹，但我们只要同心协力，相信自己，相信国家，这场疫情我们同样可以克服。所以，请大家从现在开始，从小事开始，共同努力，积极宣传防疫知识，攻克难关。

班会第八项：班主任总结

班主任：现如今的疫情来势汹汹，虽然在大家的共同努力下得到了很好的抑制，但我们仍不能掉以轻心，得打起十二分精神，增强自身防疫观念，积极宣传防疫知识，最后送给同学们一句话："疫情不难防，重在守规章。"

课外拓展

分小组制作防疫手抄报，并将优秀作品进行展示。

项目八　学生防电信网络诈骗安全教育

班会背景

随着社会的发展，信息技术的进步，电信诈骗现象已成为社会日益突出的问题。因其犯罪隐蔽性、手段多样性、犯罪技术先进性，使得越来越多的在校大学生上当受骗，电信诈骗的危害也越来越引起国家、全社会的重视，如何预防电信诈骗是当下的重要课题。

班会目的

1. 通过班会中的真实案例，让学生认识到电信诈骗的严重性、危害性；
2. 使学生熟悉生活中常见的诈骗形式，提高学生对电信诈骗的防范意识；
3. 使学生树立安全意识，养成良好的信息活动习惯；
4. 掌握防诈骗的基本手段，做一个健康阳光的大学生。

班会设计（形式）

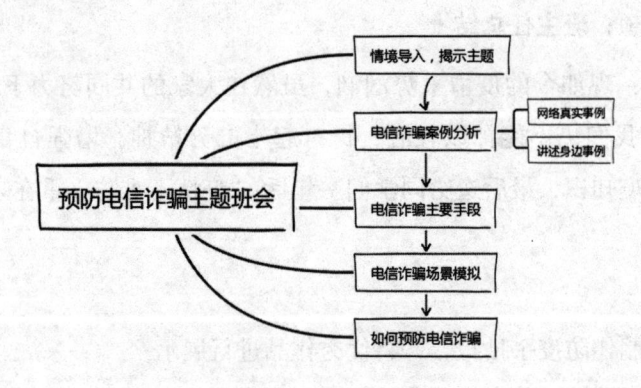

图例3-15　班会方案

（图片来源：襄阳职业技术学院刘群群）

班会准备

1. 收集身边电信诈骗真实案例；
2. 提前制作防电诈的小卡片；
3. 了解班上遇到过电信诈骗的学生，与其沟通录制一期匿名采访视频；
4. 主持人提前排练，班会脱稿主持。

班会流程

班会流程图

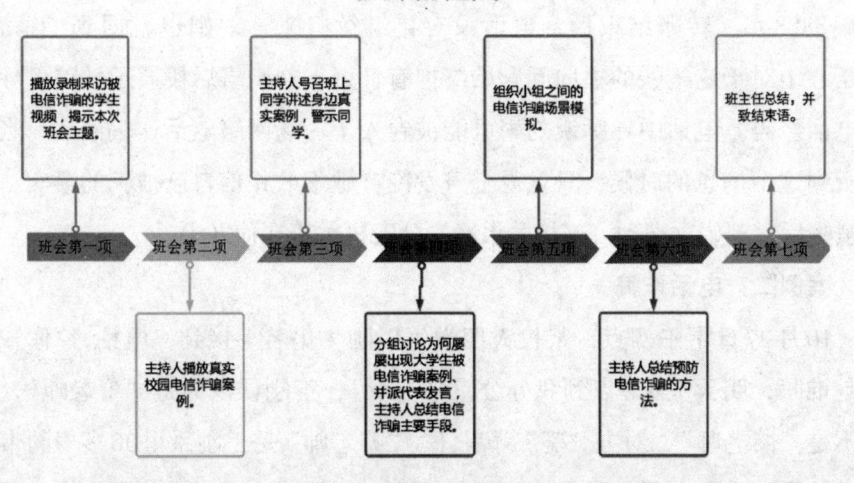

图例3-16 班会流程（图片来源：襄阳职业技术学院刘群群）

班会过程

班会第一项：播放录制采访被电信诈骗的学生的视频，揭示本次班会主题

1. 播放提前录制采访被电信诈骗的学生的视频。
2. 主持人：随着社会的发展，信息技术的进步，电信诈骗现象已成为社会日益突出的问题。因其犯罪隐蔽性、手段多样性、犯罪技术先进性，使得越来越多的在校大学生上当受骗，电信诈骗的危害也越来越引起国家、全社会的重视。本次班会我们一起来交流探讨作为一名大学生如何有效地预防电信诈骗，希望同学们都可以积极参与到本次班会活动中。

班会第二项：主持人播放真实校园电信诈骗案例

案例一：网络诈骗

10月23日，某校一女生刘娟（化名）与朋友通过微信进行转账汇款。因几百元钱未到账，便到百度上搜索微信客服，结果其搜索到的微信客服为假冒客服，"假客服"要求她到校内银行自动柜员机上进行查询。刘娟在查询过程中不断接到"假客服"电话，指导她操作，刘娟按照"假客服"指令，一步步输入银行卡号，密码，输入"8888"的验证码，实际上"8888"为她转出的金额（当时卡上正好有未交的9000元学费），刘娟因此被骗8888元。转账结束后，电话没有再继续打来，刘娟也就回到了宿舍。由于心中对于这笔钱的去向问题始终抱有怀疑，刘娟事后拨通了学院里导师的电话号码。电话中导师说刘娟可能被卷入了一场网络电话诈骗活动。当刘娟听到这个消息的时候，只觉得全身发冷，她不敢相信自己被骗的事实。确认被骗后，刘娟立即到公安机关报案，公安机关正在侦办中。

案例二：电话诈骗

10月27日下午四点，某校大四学生王刚（化名）接到一电话，"你知道我是谁吗，明天上午9点到我办公室来一下"，王刚误以为是"黎老师"，说是不是"黎老师"，对方"嗯"了一下。"黎老师"是王刚系里30多岁的带毕业设计课的老师，平日里俩人素无来往，王刚接到电话时也略有吃惊，手机显示的是个陌生号码，但由于电话中的声音听起来有点像黎老师的声音，他也逐渐放松了戒备。

第二天上午8点多，电话里"黎老师"问王刚"来我办公室了没有"。可王刚快到学院教学楼时，电话再次响起，"黎老师"表示，自己在陪领导，想送点礼给领导。但由于领导拒绝接受现金，他提出要求让王刚通过网银向他指定的账户先汇些钱，以完成这次送礼，再到办公室把现金还给他。

王刚当时面露难色，他告诉"黎老师"，自己目前账户只有1000块钱，可能无法支出更大的款项。"黎老师"在电话里欣然接受了这1000元，王刚于是在没有核对对方银行账户信息的情况下通过网银向他提供的邮储银行账号转去了1000元。后王刚来到办公室，办公室的老师告诉王刚，黎老师一、二节正在上课，王刚方知被骗。

案例三：贪小便宜，吃大亏

文某，男，某校大三学生。2020年3月，文某应他人要求将自己的2张银行卡提供给他人转账，金额共计379510元。2021年1月，文某在明知借卡方用于网络赌博、诈骗等转账的情况下，又办了2张银行卡，提供给他人转账，金额共计1087587元。短短两个月，文某的银行卡上流水高达一百多万元，涉及10余名受害人。但借卡方前后只给了他686元报酬。2021年6月，文某被湘潭市公安局岳塘分局依法逮捕，到案后如实供述了犯罪事实。湘潭市岳塘区人民法院经审理认为，被告人文某明知他人利用信息网络实施犯罪，为他人提供支付结算帮助，其行为构成帮助信息网络犯罪活动罪。被告人文某到案后如实供述所犯罪行且自愿认罪认罚，并退缴了违法所得，法院决定对其从轻处罚。法院判决：一、被告人文某犯帮助信息网络犯罪活动罪，判处有期徒刑七个月，并处罚金人民币2000元；二、公安机关扣押被告人文某违法所得686元，依法予以没收，上缴国库。

主持人：如今社会，网络诈骗越来越多，诈骗手段与方法越来越高明，利用部分学生缺乏社会经验、单纯、虚荣、贪便宜、容易相信他人的心理特点实施诈骗，给被骗学生造成了严重财产损失和精神创伤。

班会第三项：主持人号召班上学生讲述身边真实案例。

主持人：各位同学，我们看了这么多真实案例，着实让我们感到后怕，现在的骗子离我们越来越近，行骗技巧防不胜防。同学们身边肯定有这种情况的发生，请各位同学分享一下自己包括身边发生的电信诈骗案例，使我们可以认识到骗子的诈骗手段，可以更好地防范。

同学们分享的身边案例：

1. 相信网络QQ群里发布的兼职刷单广告；
2. 犯罪分子通过盗取QQ向里面的好友借钱；
3. 玩游戏轻信游戏里陌生好友的网络链接等。

班会第四项：分组讨论为何屡屡出现大学生被电信诈骗案例，并派代表发言，主持人总结电信诈骗主要手段

主持人：实施电信诈骗的犯罪分子为何屡屡得手？请同学们分组讨论有些大学生为何容易被电信诈骗及电信诈骗的主要手段有哪些。

小组代表发言，主持人总结如下：

大学生容易被电信诈骗的原因：

1. 缺乏社会经验，面对诈骗的情况难以有效地做出清晰的判断；

2. 缺乏辨别能力，不加选择地结交朋友；

3. 单纯，容易相信别人；

4. 疏于防范是大学生上当受骗的主要原因。

电信诈骗的主要手段：

1. 通过网上聊天交友，取得信任后编造谎言实施诈骗；

2. 犯罪分子利用大学生的虚荣心、贪便宜、单纯等心理特点实施各种诈骗；

3. 不重视身份信息安全，流出后导致犯罪分子通过QQ微信等方式向学生家长及亲属实施诈骗；

4. 冒充学校工作人员实施诈骗；

5. 网络兼职刷单等手段实施诈骗。

班会第五项：组织小组之间的电信诈骗场景模拟

1. 主持人组织小组之间抽签决定谁扮演"诈骗者"与"被诈骗者"。

2. 组内分别制定"诈骗方案"及"反诈骗方案"。

3. 分组对抗。

4. 主持人总结。

班会第六项：预防电信诈骗的方法

1. 切不可贪图小便宜，天上不会掉馅饼。

2. 不随意透露自己个人信息如身份证号、电话号码、家庭住址等，以防被人利用。

3. 冒充警察、老师等提醒转账的不要理睬，把握不准应当面咨询老师。

4. 不相信马路广告或网络的兼职广告，勤工俭学必须通过正规渠道。

5. 树立正确的人生观、价值观。大学生在校以学业为主，不要沉迷于网络世界无法自拔。

班会第七项：主持人向同学们发放提前制作的防电诈标语牌

班会第八项：主持人总结并致结束语

同学们，通过今天的防电信诈骗安全教育主题班会，相信大家都对电信诈骗有了一定的了解，掌握了一定防诈技巧。希望同学们学会保护自己，在今后的学习生活中不受诈骗分子的欺骗，面对诈骗时可以安全应对。也请同学们保持防范意识，远离电信诈骗陷阱，同时警惕"借卡""跑分""刷单""钓鱼"等情形，不为网络信息犯罪提供帮助，也不要为一时贪念，就将自己名下的银行卡、手机卡等账户出借、出售给他人，不仅助纣为虐，给电信诈骗受害人造成巨大损失，还涉嫌违法犯罪。

★模块四 学生职业素养类

项目一 学生职业道德教育

班会背景

立足于校企合作背景之下，对于当代大学生而言，在实际教学过程之中，为了落实国家职业教育相关政策的需求，同时培养出具有高素质的技能技术人才，并实现其自身的高素质，需对现代学徒制度进行探索。而为了可以对现代学徒制度进行更好的实施，学校和企业需要成为共同育人的双主体，在其进行相互合作的过程之中，双方必须遵循互惠双赢以及统一进行管理的有关原则，因此，我们针对学校与企业互相合作的背景之下对现代学徒制的双主体育人模式进行探讨。

班会目的

1. 帮助学生树立正确的人生观、道德观、价值观和职业观，提高学生的职业素养；

2. 理解诚信、敬业精神、责任意识、使命感等内容，强化提高大学生的职业精神以及工作责任心；

3. 增强凝聚力，促使学生遵章守纪，养成自律品质，完善职业操守，帮助学生树立正确的工作心态和工作原则，提高职业素质；

4. 明确职业操守特质，提高学生对职业精神、职业道德、职业责任的认识。

班会设计（形式）

第一阶段：

主持人开场，视频导入。

第二阶段：

1.幻灯片展示职业道德教育主题内容；

2.讲述职业道德的主要内容及含义；职业道德的服务标准；职业道德的基本要求。

第三阶段：

1.图片文字视频展示职业道德相关案例；

2.通过案例组织学生以小组探讨PK的方式开展教学。

第四阶段：班主任总结。

班会准备

1.收集社会以及身边真实的有关职业道德的案例、数据等资料；

2.分小组安排同学准备"80后脱口秀——关于职业道德的那些事"情景模拟的相关道具；

3.幻灯片主题内容制作、主持人及主持稿。

班会流程

1.主持人开场讲解班会背景；

2.视频分享（"80后脱口秀——关于职业道德的那些事"）；

3.主题内容目录讲解；

4.职业道德的主要内容及含义；职业道德的服务标准；职业道德的基本要求；

5.主持人讲述有关职业道德的案例；

6.主持人组织学生分小组通过真实案例分享，讨论职业道德的重要意义；

7.通过分小组深入探讨自觉践行职业道德规范案例，以小组PK的形式分析主持人讲述职业道德教育对于当代大学生的重要意义；

8. 班主任总结；

9. 结束语。

班会过程

班会第一项：主持人开场，讲解班会背景

班会第二项：视频分享——"80后脱口秀——关于职业道德的那些事"

班会主题导入：视频分享（"80后脱口秀——关于职业道德的那些事"），思考并分享问题：

（1）针对此视频，你感受最深的是哪个情节，并分享；

（2）通过视频谈谈你对职业道德的看法；

（3）引入本次班会：职业道德教育。

班会第三项：主题内容目录

1. 职业道德的主要内容及含义；

2. 职业道德的服务标准；

3. 职业道德的基本要求；

4. 主持人讲述有关职业道德的案例以及视频（通过三个真实案例视频直观地向学生展示职业道德对于当代大学生的重要意义）；

5. 主持人组织学生分小组通过以上的三个真实案例分享，讨论职业道德的重要意义，每一组派出一名成员代表发言（通过小组PK，可以使每位学生充分参与班会，调动学生学习职业道德知识的积极性）；

6. 通过分小组深入探讨自觉践行职业道德规范案例，以小组PK的形式分析主持人讲述职业道德教育对于当代大学生的重要意义。

班会第四项：职业道德的主要内容及含义；职业道德的服务标准；职业道德的基本要求

1. 职业道德的主要内容及含义

主要内容：爱岗敬业，诚实守信，办事公道，服务群众，奉献社会。

含义包括以下八方面：

（1）职业道德是一种职业规范，受社会普遍的认可。

（2）职业道德是长期以来自然形成的。

（3）职业道德没有确定形式，通常体现为观念、习惯、信念等。

（4）职业道德依靠文化、内心信念和习惯，通过员工的自律实现。

（5）职业道德大多没有实质的约束力和强制力。

（6）职业道德的主要内容是对员工义务的要求。

（7）职业道德标准多元化，代表了不同企业可能具有不同的价值观。

（8）职业道德承载着企业文化和凝聚力，影响深远。

2. 职业道德的服务标准

（1）对待工作：

我的工作，我的至爱（热爱本职工作）

无以规矩，不成方圆（遵守规章制度）

自洁自律，廉洁奉公（注重个人修养）

①不利用工作之便贪污受贿或谋取私利；

②不索要小费，不暗示，不接受客人赠送物品；

③自觉抵制各种精神污染；

④不议论客人和同事的私事；

⑤不带个人情绪上班。

（2）对待集体：

①集体利益高于一切；

集体主义是职业道德的基本原则，员工必须以集体主义为根本原则，正确处理个人利益、他人利益、班组利益、部门利益和公司利益的相互关系。

②组织纪律观，时刻在心间；

③团结协作，友爱互助，爱护公共财产，做一名主人翁。

（3）对待客人：

①全心全意为客人服务；

②没有错的客人，只有不对的服务；

③来的都是上帝；

④客人的投诉是对我们最大的支持。

3. 职业道德的基本要求

1. 忠于职守，乐于奉献；

2. 实事求是，一票否决；

3. 依法行事，严守秘密；

4. 公正透明，服务社会。

班会第五项：主持人讲述有关职业道德的案例以及视频（通过三个真实案例视频直观地向学生展示职业道德对于当代大学生的重要意义）

案例一：故意杀人罪 药家鑫

2010年10月，西安音乐学院学生药家鑫将张妙撞倒并连刺数刀致受害人死亡的事件引发舆论热议；10月23日，药家鑫在父母的陪同下到公安机关投案。2011年4月，西安市中级人民法院对此案作出一审判决，以故意杀人罪判处药家鑫死刑，剥夺政治权利终身，并赔偿被害人家人经济损失费；药家鑫随后提起上诉。2011年5月，二审判决宣布维持原判；2011年6月7日，药家鑫被依法执行注射死刑。2012年2月，受害人家属起诉药家要求兑现微博上所说的20万元捐赠。

案例二：三鹿毒奶粉事件

2008年6月28日，位于兰州市的解放军第一医院收治了首例患"肾结石"病症的婴幼儿，据家长们反映，孩子从出生起就一直食用河北石家庄三鹿集团所产的三鹿婴幼儿奶粉。7月中旬，甘肃省卫生厅接到医院婴儿泌尿结石病例报告后，随即展开了调查，并报告卫计委（现卫健委）。随后短短两个多月，该医院收治的患婴人数就迅速扩大到14名。9月11日晚卫生部指出，近期甘肃等地报告多例婴幼儿泌尿系统结石病例，调查发现患儿多有食用三鹿牌婴幼儿配方奶粉的历史。

经相关部门调查，一度怀疑石家庄三鹿集团股份有限公司生产的三鹿牌婴幼儿配方奶粉受到三聚氰胺污染。卫计委专家指出，三聚氰胺是一种化工原料，可导致人体泌尿系统产生结石。9月11日晚，石家庄三鹿集团股份有限公司发布产品召回声明称，经公司自检发现，2008年8月6日前出厂的部分批次三鹿牌婴幼儿奶粉受到三聚氰胺的污染，市场上大约有700吨。为对消费者负责，该公司决定立即对该批次奶粉全部召回。

案例三：弘扬青春正能量 襄职学子树新风

"感谢这位同学，这样的好人好事一定要表扬！" 2021年12月20日，襄阳职业技术学院上演温馨一幕，六旬李奶奶将一面锦旗送到建筑工程学院学生蔚成欣手中，不停夸赞他品德优秀，帮自己找回了辛苦积攒的3万元钱。蔚成欣是建筑智能化工程技术2101班的一名学生。12月15日中午，他用新办的手机号码登录支付宝时，突然发现支付宝账户已绑定了一张银行卡，而且卡内余额竟有3万元。觉得奇怪的同时，他想起了班主任常提到的防范电信诈骗，不由得警觉起来，赶紧拨打110报警，并将此事向班主任反映。

因担心资金安全，蔚成欣先将这笔钱转入支付宝账户，随后赶往隆中派出所详细说明情况。警方经过核查，发现银行卡的主人是李奶奶，家就在本地。当李奶奶接到警察电话时，她不太相信，家人也以为是诈骗电话。下午3时许，派出所再次联系李奶奶详细说明情况，这才打消了她的顾虑。

下午6时许，李奶奶和家人带着相关证明赶到派出所，见到了在此等待的蔚成欣。原来，蔚成欣新办的手机号是李奶奶之前用过的手机号，当时注销手机号时，没有注销支付宝账号，实名还是她本人，银行卡也还绑定在支付宝里。

随后，在警察的见证下，李奶奶拿回了自己积攒的3万元，蔚成欣也将这张银行卡从支付宝中解除绑定。看到辛苦积攒的钱失而复得，老人想给一些酬金表示感谢，被蔚成欣果断拒绝。蔚成欣表示，作为一名大学生，这是自己应该做的。

建筑工程学院相关负责人表示，善行蕴含在小事之中，美德就在于俯首之间，蔚成欣的行为展现了他优秀的道德品质，也体现了大学生高尚的道德情操和精神风貌。

【楚天快报】支付宝突然多出3万元 大学生报警寻失主还钱

时间：2021-12-27 来源：宣传部 作者：

图例4-1　弘扬青春正能量　襄职学子树新风

（图片来源：襄阳职业技术学院易秋节）

班会第六项：主持人组织学生分小组通过以上的三个真实案例分享，讨论职业道德的重要意义

每一组派出一名成员代表发言。（通过小组 PK，可以使每位学生充分参与班会，调动学生学习职业道德知识的积极性）

班会第七项：主持人组织学生讨论自觉践行职业道德规范案例分析

通过分小组深入探讨自觉践行职业道德规范案例，以小组 PK 的形式分析主持人讲述的职业道德教育对于当代大学生的重要意义。

案例：

吴鹏与孙勇同时进入一家知名大酒店实习。在培训结束后，两人被分到客房部做楼层服务员。一个月后，实习跟踪指导教师收到了酒店人力资源部对两位学生的评价。

吴鹏：态度端正，勤奋好学，工作中积极主动，任劳任怨，对待客人热情礼貌，与同事关系融洽，已经熟练掌握了专业技能，酒店将他作为重点培养对象。

孙勇：工作中没有摆正心态，总认为服务员低人一等，偷懒耍滑，不能吃苦，对待客人缺乏耐心，专业技能较差，本月度考核等级为差。

问题：

1. 案例中的吴鹏与孙勇在践行职业道德方面谁做得比较好？

2. 职业道德行为习惯是不是不用刻意培养训练就会自然而然形成？分小组讨论PK。

总结：

职业道德教育对当代大学生的重要意义：

1. 职业道德教育是大学生迎接知识经济时代挑战、培育自身综合素质的需要；

2. 职业道德教育是大学生在高等教育大众时代摆正心态、自信自立，敢于和善于竞争的客观需要。

班会第八项：班主任总结

对于学生今后的职业发展，要求以下几点：

1. 树立全心全意为人民服务的思想，这是职业道德的出发点和落脚点。

2. 忠于职守，热爱本职工作，刻苦钻研职业技术与业务，在职业活动中发挥创造才能。

3. 遵纪守法，团结协作，诚实守信，以主人翁精神对待工作。

4. 努力提高工作效率，保证工作质量，注意增产节约，爱护公共财物，廉洁奉公。由于各行各业有自身的特点，所以职业道德规范也不一样，因此要根据本行业的性质、地位、作用和特点，按照职业活动的客观要求来制定职业道德规范。

5. 要想事业获得成功，首先就要从身边的小事做起。只要长期坚持做好身边的小事，到了一定程度才能成就大事。比如：要培养敬业精神，首先要从热爱本专业做起，从上好每一节课做起。

班会第九项：结束语

通过此次班会，希望同学们牢固树立"爱岗敬业、诚实守信、服务群众、奉献社会"的职业道德思想，做到知行合一。牢牢把握"创业、创新、创优、争新、领新、率先"的时代精神。在日常的学习及以后的就业过程中，有良好的职业道德素养，全面提高自己的综合能力。提高职业道德认知，增强职业道德情感，锻炼职业道德意志，做青春职场的时代先锋。

项目二　学生职业礼仪及沟通技巧教育

班会背景

为了大力推进教学改革，使教学内容与职业能力标准高度吻合，突破学生职业能力培养的瓶颈，实现学生技能与岗位能力的对接。构建以建筑工程施工过程为导向、符合建筑企业需求和学生实际的、以岗位能力为本位、以职业实践为主线、以项目课程为主体的模块化专业课程体系，使课程内容体现最新技术，使学生技能符合职业岗位的最新要求，促进学生综合素质的全面提高，培养高素质的技能型人才。当代大学生作为祖国未来的建设者，毕业之后势必要在职业中有所建树。工作技能加上得体的职业礼仪，会为大学生的职业生涯锦上添花。

班会目的

1. 让学生了解什么是职业礼仪；
2. 理解职业礼仪及沟通技巧的重要性、职业礼仪的原则等内容；
3. 提高学生职业礼仪技巧。

班会设计（形式）

第一阶段：

主持人开场，视频导入。

第二阶段：

1. 幻灯片展示职业礼仪教育主题内容；

2. 理解职业礼仪及沟通技巧的重要性、职业礼仪的原则等内容。

第三阶段：

1. 图片文字视频展示职业礼仪相关案例；

2. 通过案例组织学生进行小组 PK 探讨，以此种方式开展教学。

第四阶段：班主任总结。

班会准备

1. 收集社会以及身边真实的有关职业礼仪的案例、数据等资料；

2. 分小组安排同学准备"职业礼仪技巧"情景模拟的相关道具；

3. 幻灯片主题内容制作、挑选主持人及撰写主持稿。

班会流程

1. 主持人开场讲解班会背景；

2. 视频分享（职业礼仪技巧）；

3. 主题内容目录讲解；

4. 讲述职业礼仪的主要内容及含义，职业礼仪的分类，职业礼仪的基本要求；

5. 主持人讲述有关职业礼仪的案例；

6. 主持人组织学生分小组通过真实案例分享，讨论职业礼仪的重要意义；

7. 通过分享《奇迹·笨小孩》电影，以小组 PK 的形式探讨职业礼仪细节；

8. 班主任总结；

9. 结束语。

班会过程

班会第一项：主持人开场，讲解班会背景

班会第二项：职业礼仪

班会主题导入：

视频分享（初入职业，如何打造职业化形象），思考并分享问题：

1. 针对此视频，你感受最深的是哪个情节，并分享；

2. 通过视频谈谈你对职业礼仪的看法；

3. 引入本次班会主题：职业礼仪教育。

班会第三项：主题内容目录讲解

1. 职业礼仪及沟通技巧的含义；

2. 职业礼仪社交原则；

3. 职业礼仪的重要性；

4. 主持人讲述有关职业礼仪的案例以及播放视频（通过两个真实案例视频直观地向学生展示职业礼仪对于当代大学生的重要意义）；

5. 主持人组织学生分小组通过以上的两个真实案例分享，讨论职业礼仪的重要意义，每一组派出一名成员代表发言。（通过小组PK，可以使每位学生充分参与班会，调动学生学习职业礼仪知识的积极性）

6. 分小组深入探讨职业礼仪技巧。

班会第四项：职业礼仪的含义，职业礼仪的基本原则，职业礼仪的基本要求

1. 职业礼仪的含义

职业礼仪，是指人们在职业场所中应当遵循的一系列礼仪规范。学会这些礼仪规范，将使一个人的职业形象大为提高。职业形象包括内在的和外在的两种主要因素，而每一个职业人都需要有塑造并维护自我职业形象的意识。

2. 职业社交礼仪的原则

在职业社交场合中，如何运用社交礼仪，怎样才能发挥礼仪应有的效应，怎样创造最佳人际关系状态，怎样让社交礼仪帮助我们取得更多的成功，这同遵守礼仪原则密切相关。

（1）真诚尊重的原则

我注意到在与同事和上司交往时，真诚尊重是礼仪的首要原则。只有真诚待人，才是尊重他人；只有真诚尊重，方能创造和谐愉快的人际关系，真诚和尊重是相辅相成的。真诚是对人对事的一种实事求是的态度，是待人真心实意的友善表现。

（2）平等适度的原则

在职业社交上，礼仪行为总是表现为双方的，你给对方施礼，自然对方也会相应地还礼于你，这种礼仪施行必须讲究平等的原则，平等是人与人交往时建立情感的基础，是保持良好的同事关系的诀窍。平等在交往中表现为处处时时平等谦虚待人，唯有如此，才能结交更多的朋友。

（3）自信自律原则

自信原则是社交场合中一个心理健康的原则，唯有对自己充满信心，才能在工作中如鱼得水、得心应手。自信是社交场合中一份很可贵的心理素质。一个有充分自信心的人，才能在交往中不卑不亢、落落大方，遇到强者不自惭，遇到艰难不气馁，遇到侮辱敢于挺身反击，遇到弱者会伸出援助之手。

（4）信用宽容的原则

信用即讲究信誉的原则，守信是我们中华民族的美德。在职业中，尤其讲究守时和守约。在社交场合，如没有十分的把握就不要轻易许诺他人，许诺做不到，反落了个不守信的恶名，从此会永远失信于人。宽容的原则即与人为善的原则。在社交场合，宽容是一种较高的境界。宽容是人类一种伟大思想，在人际交往中，宽容的思想是创造和谐人际关系的法宝。站在对方的立场去考虑一切，是你争取朋友的最好方法。

3. 职业礼仪的重要性

（1）职业礼仪是个人和企业的敲门砖。轻轻地关上门，端正的坐姿，大方自然地解答，都会展现你很好的一面，使你赢得公司的面试。如果一个面试的人有工作能力，却不懂职业礼仪，那么就算他进入了公司，他也不一定会坐稳位置，因为在工作中还需要许多的职业礼仪去调节上下级、同事之间的关系，在与客户交流协商时，都需要懂得职业礼仪，所以不懂职业礼仪，将成为工作中的绊脚石，也许别人的工作能力没有他强，但是其他同事懂得职业礼仪，知道怎样与领导搞好关系，怎样与同事之间和谐相处，那么别人可能比他升职更高、更快。由此可见，职业礼仪是工作中要学的重要知识，只有掌握它、应用它，才能更好地工作。

（2）职业礼仪不仅可以有效地展现一个人的教养、风度、气质和魅力，还能体现一个人对社会的认知水平，个人的学识、修养和价值。通过职业礼仪在复杂的人际关系中保持冷静，按照礼仪的规范来约束自己，通过职业礼仪中的一些细节，会得到领导更多的信任，使人际间的感情得以沟通，与同事间建立起相互尊重、相互信任、友好合作的关系，从而使自己的事业进一步发展，能在职业中如鱼得水。

（3）职业礼仪不仅体现个人的形象，它还体现在企业形象上，一个企业重视员工的职业礼仪，那么就会使企业体现出不一样的素质水平和企业管理理念。当今世界交流日益频繁，不仅服务行业重视职业礼仪和企业形象，许多企业都重视职业礼仪的培养，对于一些工业企业，提高产品质量已不能增强企业的竞争能力，提升服务和形象的竞争已经成为现代竞争更重要的筹码。

职业礼仪是提高个人素质和单位形象的必要条件，是人立身处世的根本，是人际关系的润滑剂，是现代竞争的附加值。

班会第五项：主持人讲述有关职业礼仪的案例以及播放视频（通过两个案例视频直观地向学生展示职业礼仪对于当代大学生的重要意义）

案例一：

小甲对小乙说："我要离开这个公司，我恨这个公司！"小乙建议道："我举双手赞成你报复！破公司一定要给它点颜色看看，不过你现在离开，还不是时机。"小甲问："为什么？"小乙说："如果你现在走，公司的损失并不大。你应该趁着在公司的机会，拼命去为自己拉一些客户，成为公司独当一面的人物，然后带着这些客户突然离开公司，公司才会受到重大损失，非常被动。"小甲觉得小乙说得非常在理。于是努力工作，事遂所愿，半年多的努力工作后，他有了许多的忠实客户。再见面时，小乙问小甲："现在是时机了，要跳赶快行动哦！"小甲淡然笑道："老总跟我长谈过，准备升我做总经理助理，我暂时没有离开的打算了。"

只有付出大于得到，让老板真正看到你的能力，才会给你更多的机会。

案例二：

曾经有个小国的人到中国来，进贡了三个一模一样的金人，金碧辉煌，把皇帝高兴坏了。可是这小国的人不厚道，又出了一道题目：这三个金人哪个最有价值？皇帝想了许多的办法，请来珠宝匠检查，称重量，看做工，都是一模一样的。

怎么办？使者还等着回去汇报呢。泱泱大国，不会连这个小事都不懂吧？最后，有一位退位的老大臣说他有办法。皇帝将使者请到大殿，大臣胸有成竹地拿着三根稻草，插入第一个金人的耳朵里，这稻草从另一边耳朵出来了。第二个金人的稻草从嘴巴里直接掉出来，而第三个金人，稻草进去后掉进了肚子，什么响动也没有。老臣说：第三个金人最有价值！使者默默无语，答案正确。

这个故事告诉我们，最有价值的人，不一定是最能说的人。老天给我们两只耳朵一个嘴巴，本来就是让我们多听少说的。善于倾听，才是成熟的人最基本的素质。

班会第六项：主持人组织学生分小组通过以上的两个案例分享，讨论职业礼仪的重要意义，每一组派出一名成员代表发言（通过小组PK，可以使每位学生充分参与班会，调动学生学习职业礼仪知识的积极性）

通过分小组深入探讨职业礼仪技巧，以小组PK的形式分析主持人讲述的职业礼仪教育对于当代大学生的重要意义。

班会第七项：主持人组织学生探讨《奇迹·笨小孩》中的职业礼仪细节

工厂的名字以及厂服的颜色、款式；

好景通信公司成立之后的职业形象变化；

好景通信公司的成功具备职业礼仪及沟通技巧的哪些因素。

班会第八项：班主任总结

学习职业礼仪及沟通技巧，处处注重礼仪，能使我们在社会交往中左右逢源，无往不利。使我们在尊敬他人的同时也赢得他人对我们的尊敬，从而使人与人之间的关系更趋融洽，使我们的生存环境更为宽松，使我们的交往气氛更加愉快。学习职业礼仪有助于促进社会文明，加快社会发展进程。职业礼仪的学习，可以使我们每位社会成员进一步强化文明意识，端正自身行为，从而促进整个民族总体文明程度的提高，加快社会的发展。

班会第九项：结束语

通过这次的职业礼仪及沟通技巧的学习，希望大家认识到职业礼仪在社会工作中很多细节的重要性，往往一点小行为小动作都能决定别人对你的评价，也恰恰是这个评价能直接影响到今后开展工作的效率。

项目三　学生职业形象打造教育

班会背景

职业精神培养是职业教育人才培养的重要内容，现代学徒制有利于促进职业精神与职业能力培养的高度融合。现代学徒制下高职学生（学徒）职业精神培养应呼应现行试点人才培养模式，坚持立德树人，创新工作思路，优化整体设计，抓住主要矛盾，有效解决问题。而在职场中，职业人如果想要让别人对你更加信任，首先要做的就是塑造自己的职业形象，这样才会使你更加具有信赖感，你的顾客、你的领导、你的同事才会对你的能力有一个更深的"印象"，好的第一印象，等于成功了一半。

班会目的

1. 帮助学生打造自己的职业形象；
2. 理解外在形象、知识形象、社交形象、人格形象等内容；
3. 明确职业操守特质，提高学生对职业形象的认识。

班会设计（形式）

第一阶段：
　　主持人开场，视频导入。

第二阶段：

  1.幻灯片展示职业形象教育主题内容；

  2.讲述职业形象的主要内容及含义，职业形象的分类，职业形象的基本要求。

第三阶段：

  1.图片、文字、视频展示职业形象相关案例；

  2.通过案例以组织学生进行小组探讨PK的方式开展教学；

第四阶段：班主任总结。

班会准备

1.收集社会以及身边真实的有关职业形象的案例、数据等资料；

2.分小组安排同学准备"初入职场，如何打造职业化形象"情景模拟的相关道具；

3.幻灯片主题内容制作、挑选主持人及撰写主持稿。

班会流程

1.主持人开场讲解班会背景；

2.视频分享（初入职场，如何打造职业化形象）；

3.主题内容目录讲解；

4.简述职业形象的主要内容及含义，职业形象的分类，职业形象的基本要求；

5.主持人讲述有关职业形象的案例；

6.主持人组织学生分小组通过真实案例分享，讨论职业形象的重要意义；

7.通过分小组深入探讨自觉践行职业形象规范案例，以小组PK的形式分析主持人讲述的职业形象教育对于当代大学生的重要意义；

8.班主任总结；

9.结束语。

班会过程

班会第一项：主持人开场，讲解班会背景

班会第二项：视频分享——初入职场，如何打造职业化形象

班会主题导入：视频分享（初入职场，如何打造职业化形象）。思考并分享问题：

1. 针对此视频，你感受最深的是哪个情节，并分享；
2. 通过视频谈谈你对职业形象的看法；
3. 引入本次班会主题：职业形象教育。

班会第三项：主题内容目录讲解

1. 职业形象的含义；
2. 职业形象的分类；
3. 职业形象的基本要求；
4. 主持人讲述有关职业形象的案例以及播放视频（通过两个真实案例视频直观地向学生展示职业形象对于当代大学生的重要意义）；
5. 主持人组织学生分小组通过以上的两个真实案例分享，讨论职业形象的重要意义，每一组派出一名成员代表发言（通过小组 PK，可以使每位学生充分参与班会，调动学生学习职业形象知识的积极性）；
6. 分小组深入探讨如何提升自我形象。

班会第四项：职业形象的主要内容及含义，职业形象的分类，职业形象的基本要求

1. 职业形象的含义

职业形象是指在公众面前树立的印象。虽然我们一再强调，不要过分关注一个人的外表，而忽视了其内在的品质，但是我们也要客观地承认，我们会在3秒钟内对一个人产生视觉印象。衣着得体、外表端庄是对他人的尊重，也是自我成熟的表现。

2. 职业形象的分类

职业形象具体包括外在形象、品德修养、专业能力和知识结构这四大方面。它是通过衣着打扮、言谈举止反映出专业态度、技术和技能等。职业形象需要严格恪守一些原则性尺度。

3. 职业形象的基本要求

（1）保持干净清爽的仪容。

（2）面带微笑，语调愉悦。

（3）神采奕奕，你开口的第一句话，就让别人体会到你的真诚。

（4）言谈举止充满自信，不卑不亢。

男士：

男士的发型发式统一的标准就是干净整洁，前部的头发不要遮住自己的眉毛，侧部的头发不要盖住自己的耳朵后部的头发，应该不要长过你自己西装衬衫领子的上部。男士在进行商务活动的时候，要每天进行剃须修面以保持面部的清洁；同时，男士在商务活动中经常会接触到香烟、酒这样有刺激性气味的物品，所以要注意随时保持口气的清新。

女士：

女士的发型要文雅、庄重、梳理整齐，长发可用发夹夹好。面部化淡妆，面带微笑。着正规套装，大方、得体，裙子长度适宜。肤色丝袜，无破洞。鞋子光亮、干净整洁。指甲不宜过长，并保持清洁。

最为关键的就是职业形象要尊重区域文化的要求，不同文化背景的公司对个人的职业形象有不同的要求，绝对不能我行我素破坏文化的制约。

班会第五项：主持人讲述有关职业形象的案例以及播放视频（通过两个真实案例视频直观地向学生展示职业形象对于当代大学生的重要意义）

案例一：公司招聘　小雨

公司曾经招聘过一名翻译小雨，口语、笔译水平都很不错，业务方面完全没有问题。在这里先解释一下我们公司翻译岗位的职责，包括给外籍上司进行日常工作交流的口译、笔译，陪同上司进行商务活动、政府活动等等，因此，对于翻译人员有较高的仪容仪表及待人接物的要求。随着时间推移，公司发现小雨经常违反公司仪容仪表要求，比如穿超短裙、化妆过浓等等。因为是新人，所以人事部只是向小雨的上司及小雨本人发送了改善仪容仪表要求的邮件，并未作出处罚。过了一个月，小雨再次被发现偷偷染了绿色的指甲，而且又穿起了超短裙，并且最过分的是，在一次外出拜访时，穿的丝袜是两截颜色的，直接被总经理发现，让人事部给予处罚。最终，又因为一些其他原因，公司以试用期不合格为由解除了和小雨的劳动合同。

上面是员工因为不遵守公司对于仪容仪表的要求，任意放飞自己，最终导致丢了工作的典型案例。

有的朋友会说，哪有那么严重啊，我还没有权利决定自己穿什么衣服，涂什么颜色的口红吗？那么我也想提示有这种想法的朋友，职场是有规则的，遵守是对自己和身边同事的尊重，放飞自己可以，但是要在自己私人的世界里。

上司不重视你，也许只是因为你太不注重自身形象。我们经常会在工作中有这种感觉，自己努力地工作，工作也没有出错，业绩也可以，但是一有表现的机会或者重要的对外活动，上司就把机会给了别人，要多憋屈就有多憋屈。不被上司认可或重视，有时候的确是因为上司戴着有色眼镜看人，或者任人唯亲，不公平所致，但更多的时候要从自身寻找原因。

案例二：公司招聘　小薇

小薇是一名负责商品设计的员工，日常工作兢兢业业，任劳任怨。但是遇到出席有供应商高层的商务活动或者一些重要场合时，基本都不会考虑让她出席。最让小薇委屈的是，公司一年一度的晋升机会，上司把机会留给了另外一个和她业绩差不多的员工。最后小薇的工作状态也受到了影响，状态很不好，她的上司也向人事部进行了反馈，反应小薇的工作状态不良，责任心也不如以前了，而且经常失误。

出于公平，人事部随后分别和小薇及她的上司做了沟通。原来小薇的上司认为，小薇平日不修边幅，一个女孩子的头发总是油油的，衣服也不会好好穿，平时行为举止也没有女孩子的仪态，所以上不了台面，重要的场合带不出去。不给小薇晋升是因为晋升成为主管后，就要做供应商管理工作，会经常有一些对外沟通交流活动，员工代表着企业形象，综合考虑下来，在工作能力差不多的情况下，最终晋升了另一位员工。在人事部最后做仪容仪表辅导的时候，小薇也认识到了这个问题。后面也逐渐地对自己进行了改善，最终得到了上司的认可。

一个人的仪容仪表并不是浅显的外在形象，而是代表了你对他人的尊重，代表了你的修养，你的价值观，也在某种程度上代表了你是不是一个能够做好自我管理的人。

班会第六项：主持人组织学生分小组通过以上的两个真实案例分享，讨论职业形象的重要意义，每一组派出一名成员代表发言（通过小组PK，可以使每位学生充分参与班会，调动学生的学习职业形象知识的积极性）

班会第七项：主持人组织学生讨论如何提升自我形象

1. 头发一定要保持清爽，及时清洗，不要油腻。
2. 衣服贵在搭配，色彩、材质搭配好能让你的形象提升好几倍。
3. 保持洁净清爽，杜绝不及时换洗衣物，散发不好的体味。
4. 鞋子、包包的款式、材质、颜色要和衣服互相映衬，要做好整体搭配。
5. 鞋子要及时做保养，不要灰尘密布。
6. 全身上下颜色不要过多。
7. 要淡妆洁面，不要不化妆，也不要化妆过浓。

班会第八项：班主任总结

我曾经读到过一本书，叫作《你的形象价值百万》，其中有一句话记忆犹新：成功，也爱以貌取人，它喜欢那些举止得体、热情友善、真诚自信的人，而厌恶那些穿着邋遢、刻薄无理、虚伪自卑的人。你自己想象一下，是不是当我们穿着搭配好的新衣，化上得体的妆容的时候，在人前会更多一份自信？

班会第九项：结束语

塑造职场形象和社会形象将会助力你成长，人生转型的第一步，职场转型的第一步，请从改善自我形象开始吧！

项目四　学生职业行为习惯教育

班会背景

为了推行现代学徒制，改善现代学徒制学生的学习习惯和职业素养，而实行德育管理全员参与的原则，制定现代学徒制学生的管理办法。随着社会的不断进步，职场礼仪受到越来越多企业的重视，已经成为企业文化不可或缺的一部分。职业行为习惯是指因不断重复练习而巩固下来的行为方式。职业行为养成教育，是引导学生形成正确的世界观、人生观、价值观，培养学生团结互助、诚实守信、遵纪守法、艰苦奋斗的良好品质，树立社会主义民主法治、自由平等、公平正义理念，培养社会主义合格公民的需要；是社会主义精神文明建设的需要；是提高整个中华民族素质的需要，为提高学生在社会中的就业能力、职业竞争力和实现可持续自我发展打下良好的基础。

班会目的

1. 帮助学生养成良好的职业行为习惯；
2. 理解职业行为习惯对学生职业发展的意义；
3. 明确职业操守特质，提高学生职业行为习惯的认识。

班会设计（形式）

第一阶段：
　　主持人开场——图片分析导入（职业价值观测评）。
第二阶段：
　　1. 幻灯片展示职业行为习惯教育主题内容；
　　2. 讲述职业行为习惯的主要内容及含义，职业行为习惯的分类，职业行为习惯的基本要求。

第三阶段：

　　1. 图片、文字、视频展示职业行为习惯相关案例；

　　2. 通过案例以组织学生进行小组探讨 PK 的方式开展教学。

第四阶段：班主任总结。

班会准备

　　1. 收集社会以及身边真实的有关职业行为习惯的案例、数据等资料；

　　2. 分小组安排同学准备"职业行为习惯的种类"情景模拟的相关道具；

　　3. 幻灯片主题内容制作、挑选主持人及撰写主持稿。

班会流程

　　1. 主持人开场讲解班会背景；

　　2. 图片分享——职业价值观测评；

　　3. 主题内容目录讲解；

　　4. 讲述职业行为习惯的含义，职业行为习惯对职业发展的意义，如何养成良好的职业行为习惯；

　　5. 主持人讲述有关职业行为习惯的案例；

　　6. 主持人组织学生分小组通过以上的两个真实案例分享，讨论职业行为习惯的重要意义；

　　7. 通过分小组深入探讨职业行为习惯的种类，以小组 PK 的形式分析良好的职业行为习惯有哪些；

　　8. 班主任总结；

　　9. 结束语。

班会过程

　班会第一项：主持人开场，讲解班会背景

　班会第二项：图片分享——职业价值观测评

班会主题导入：

图片分享（职业行为习惯），思考并分享问题：

1. 针对此测评，你的选项是什么，并分享；

2. 通过此图片谈谈你对职业行为习惯的看法；

3. 引入本次班会主题：职业行为习惯教育。

职业价值观分析

1. 利他主义：自己的工作能够为集体和社会做出贡献。

2. 美感：在工作上追求美感与艺术氛围。

3. 智力刺激：希望工作内容追求创意，善于发展新事物。

4. 成就感：使自己的专业和能力得以全面运用和施展，实现自身价值。

5. 独立性：在工作中能有弹性，不想受太多的约束，自由度高。

6. 社会地位：工作的目的主要是改善生活质量，显示自己的身份和地位。

7. 管理：有较高的权力欲望，使他人照着自己的意思去行动。

8. 经济报酬：工作能明显地改变自己的经济状况，薪酬是选择工作的重要条件。

9. 社会交际：能够经常性地与人交往，建立广泛的社会联系。

10. 安全感：工作稳定，不必担心经常出现裁员和辞退现象，生活安定有保障。

11. 舒适：工作环境舒适宜人，设备完善，人与人之间关系和睦。

12. 人际关系：人际关系非常重要，能够在一个和谐、友好的环境工作。

13. 变异性或追求新意：工作的内容经常变换，工作和生活丰富多彩，不单调枯燥。

班会第三项：主题内容目录讲解

1. 职业行为习惯的含义；

2. 职业行为习惯对职业发展的意义；

3. 如何养成良好的职业行为习惯；

4. 主持人讲述有关职业行为习惯的案例以及播放视频；（通过两个真实案例视频直观地向学生展示职业行为习惯对于当代大学生的重要意义）

5. 主持人组织学生分小组通过以上的两个真实案例分享，讨论职业行为习惯的重要意义。每一组派出一名成员代表发言。（通过小组 PK，可以使每位学生充分参与班会，调动学生学习职业行为习惯知识的积极性）

6. 通过分小组深入探讨职业行为习惯的种类，以小组 PK 的形式分析良好的职业行为习惯有哪些。

班会第四项：职业行为习惯的含义，职业行为习惯的分类，职业行为习惯的基本要求

1. 职业行为习惯的含义

职业习惯，是指一个人长期从事某种职业而养成的那种极富职业特点的言谈举止。良好职业习惯的养成是建设"职业化"队伍必不可少的重要内容。美国作家杰克·霍吉在他的名著《习惯的力量》中说，习惯是一种重复性的、通常为"无意识"的日常行为规律，它往往通过对某种行为的不断重复而获得。有调查表明，人们日常活动的 90% 源自习惯和惯性。我们大多数的日常活动都只是习惯而已。我们几点钟起床、怎么洗澡、刷牙、穿衣、读报、吃早餐、驾车上班等等。一天之内上演着几百种习惯，习惯一旦形成就难以改变。所以我们要养成良好的职业习惯，每种职业都有其特定的要求，长期从事某种职业的人，都有着与职业有关的良好习惯，有时我们通过一个人的言谈举止即可判断出。

（1）什么是良好的职业习惯？

①使人积极向上

②充满力量

③清晰人生方向

④实现人生目标

（2）什么是不良的职业习惯？

①使人消极颓废

②不思进取

③迷失方向

2. 职业行为习惯对职业发展的意义

（1）提高综合素质

（2）促进事业成功

（3）实现人生价值

（4）抵制不正之风

3. 如何养成良好的职业行为习惯

（1）坚持做7天

（2）坚持做21天

（3）坚持做108天

（4）习惯成自然

班会第五项：主持人讲述有关职业行为习惯的案例以及播放视频（通过两个真实案例视频直观地向学生展示职业行为习惯对于当代大学生的重要意义）

案例一：

邓建军是江苏省常州市一名普通的维修工人，先后荣获全国劳动模范、全国"五一劳动奖章"、全国"青年岗位能手"、全国"技术能手"等荣誉，享受政府特殊津贴。他因为"做知识型职工、与时代同行"的职业追求和"立足岗位学技术、运用知识去攻关"的职业精神，成为中职学生"热捧"的明星，在他的母校常州轻工职业技术学院，掀起了"学习邓建军，树立新目标"的热潮。

案例二：

王顺友，一名普通的乡村邮递员，一名普通的共产党员。他在20多年的乡村邮递员生涯中演绎着绚烂的人生。他的事迹从四川省木里藏族自治县大山里传遍祖国大地。他的先进事迹感人肺腑，令人振奋，催人奋进。一个人、一匹马，王顺友在大山里一走就是32年。他把信件送到乡亲们手里，把党的惠民政策送到基层。在不通公路的深山里，王顺友是老百姓的信使，是党和人民的纽带。32年来，王顺友日复一日，年复一年，跋山涉水，往返在大凉山的这条邮路上，把邮件投递到千家万户，无怨无悔地履行着神圣的职责。32年来，王顺友在高山峡谷间送邮行程达26万多公里，相当于走了21趟二万五千里长征；32年来，他没有延误过一个班期，没有丢失过一封邮件，投递准确率达到100%。为了保护邮包，他曾纵身跳入齐腰深的江水，也曾与歹徒搏斗。为了这个简单而又崇高的使命，王顺友在大山深谷之中穷尽青春年华。

　　他以深沉和质朴，干一行，爱一行，钻一行，精一行，把生命中壮丽的青春无私无求无怨无悔地奉献给邮政事业，在平凡中铸造不平凡，在普通中彰显着崇高。他是爱岗敬业的楷模。王顺友用实际行动践行着"为人民服务不算苦，再苦再累都幸福"的人生追求。他被中组部授予"优秀共产党员"称号，还被评为全国劳动模范和全国道德模范。

　　看了这两组材料，我们应该从哪些方面去向他们学习呢？在前面几节课，我们学习了有关职业道德和职业道德修养的知识，今天我们开始一起学习在践行职业道德中如何养成良好的职业行为习惯。

班会第六项：主持人组织学生分小组通过以上的两个真实案例分享，讨论职业行为习惯的重要意义，每一组派出一名成员代表发言（通过小组PK，可以使每位学生充分参与班会，调动学生的学习职业行为习惯知识的积极性）

班会第七项：主持人组织学生讨论良好的职业习惯有哪些

1. 遵守职业道德的习惯（遵纪守法）
2. 积极主动的习惯
3. 相互信任的习惯
4. 担当责任的习惯
5. 勤于付出的习惯
6. 追求共赢的习惯
7. 欣赏他人的习惯
8. 勇于承诺的习惯
9. 感恩忠诚的习惯
10. 其他习惯：

（1）学习习惯

（2）时间管理

（3）目标管理

（4）行为管理

班会第八项：班主任总结

1. 养成良好的职业道德和职业行为习惯，既离不开在校时的专业训练，更离不开工作后在实际岗位上的正规强化训练。每一种职业，都对其从业人员的职业道德和职业行为提出了特定的要求。因此，高职学生应根据自己的专业特色和职业方向接受相应的职业道德和职业行为训练。在校期间的专业学习和实习以及毕业后到企业工作的集中、强化训练都是形成良好的职业道德和职业行为习惯的有效途径。

2. 养成良好的职业道德和职业行为习惯，要高标准，严要求，勤反思，戒反复，贵在坚持，持之以恒。美德大多存在于良好的习惯中，一个良好习惯的养成总是在不断克服不良习惯的过程中形成的。一个坏习惯不会一下子改掉，同样，一个好的习惯也不是一刻两刻就能培养起来的。其间要严格要求自己，不断反思自己的得失，做到不放松，坚持到底，最终才能培养起良好的职业道德和职业行为习惯。

班会第九项：结束语

总之，要形成良好的职业道德和职业行为习惯，就要在道德榜样的感召下，从小事做起，从细节做起，坚持实践训练，这是当代大学生进行职业道德修养和职业素质提升的有效途径。

★模块五　学生创新创业类

项目一　大学生职业生涯规划教育
——建职业规划　筑精彩未来

班会背景

大学是人生重要的发展阶段，大学生要树立职业生涯规划意识，尽早确定自己的职业目标，选择自己的发展领域，从而有效提高自身的就业能力，为未来的职业生涯发展打下良好的基础。我院与企业协同，"课岗证融通，学做创一体"人才培养模式，即校地企多主体协同育人，课程、岗位、证书全过程融通，教学过程、岗位工作与创新创业实践一体化实施科学的职业规划有利于大学生在校学习，明确人生目标、提升综合素养、增强职场竞争力，让学生在职业探索中少走弯路，循序渐进努力实现自己的职业理想。

班会目的

提高学生自我认知和职业分析，帮助学生树立正确的就业观、择业观，明确自己的职业目标和努力方向。

1. 树立职业发展目标与职业理想。从自我认知、自我分析、能力评估、发现自我兴趣和自身优势，确定自己的发展目标，制定符合自己的职业规划。

2. 激励大学生认识到学习、工作的重要性。很多大学生在大学中觉得只要自己不挂科就行，没有意识到专业课学精、学优的重要性，而职业目标是对大学生的鞭策，是让大学生加强自我管理、努力学习的动力。

3. 提升职业认知，增强竞争意识。大学生对职业岗位的理解大部分只停留在字面，很少有社会实践经验。岗位要求、岗位职责更是不明确，企业用人单位非常看重员工的职业规划是否透明，是否与公司发展一致，只有明确目标、规划透明才能符合企业用人需求。

4. 规划评估个人目标与现实差距。随着社会进步和职业变化，我们的规划出现偏差时，要对自己的评估和规划做相应的调整。

5. 让学生的职业能力形成规律。从不能到能即"通"；从生到熟即"会"；从仿到创即"用"。根据教育规律和职业成长规律，培养学生向职业人转变，即"兴趣引入、情境导向、创新提升、结果评价、分层分类、适才适岗"。

班会设计（形式）

第一阶段：

1. 幻灯片讲解职业生涯规划的班会背景与目的（介绍现代学徒制背景下职业生涯规划的重要性）；

2. 提出问题让大家思考。

问题一：什么是大学生职业生涯规划？

问题二：为什么要做职业生涯规划？

问题三：你的职业规划是什么？

第二阶段：

1. 赛事赛项、优秀学生案例展示（视频＋解说）；

2. 结合自身理解写出主持人提出的三个问题的答案。

第三阶段：

分2组每组4人开展辩论会（辩题：正方"大学生要制定职业生涯规划"，反方"大学生不需要制定职业生涯规划"，抽签决定）。

第四阶段：班主任总结。

班会准备

1. 收集有关职业规划资料、职业规划视频、学生典型案例；

2. 每位同学准备一张空白 A4 纸和一支笔；

3. 布置会场、制定辩论规则、准备抽签纸和计时器、选定 4 名裁判；

4. 辩题：正方"大学生要制定职业生涯规划"；反方"大学生不需要制定职业生涯规划"。

班会流程

1. 主持人开场，介绍本次班会背景与目的；

2. 主持人提问，让全班同学思考（问题一：什么是大学生职业生涯规划？问题二：为什么要做职业生涯规划？问题三：你的职业规划是什么？）；

3. 基于现代学徒制教育，选择具体专业中的优秀职业人才，讲述其具体的职业生涯发展案例和事件，不断丰富专业知识内容，激发学生的学习兴趣，加深学生对职业的理解（2~3个学生职业规划的展示，播放职业生涯规划赛事及学生典型案例）；

4. 主持人提出三个问题让同学思考，写出自己的理解和个人规划；

5. 主持人选取部分学生阐述自己的理解和个人规划（会后收全班写的三个问题）；

6. 分两组开展职业规划辩论会（辩题：正方"大学生要制定职业生涯规划"，反方"大学生不需要制定职业生涯规划"，增加学生互动性）；

7. 班主任总结。

班会开展过程

班会第一项：主持人开场

职业生涯规划又叫职业生涯设计，是指个人目标与社会实践相结合，在对一个人职业生涯的主客观条件进行分析、探索、定位、总结的基础上，对自己的兴趣、能力、性格、特点进行综合分析与调整。本次班会开展就是让同学们根据自己的职业倾向,确定职业奋斗目标,并为实现这一目标而努力。

班会第二项:介绍现代学徒制背景下职业生涯规划的重要性

1. 促进学生自我完善

学生对自身、对岗位,职业能力和发展等了解相对较少,对自身的能力缺乏正确的认识,在职业生涯发展中没有明确的发展目标,缺乏工作动力。在现有学制实践下,职业生涯规划教育能帮助学生正确地认识自我,了解自己的优势和不足,并剖析自己的性格特点,从而引导学生明确自身的职业发展目标,不断提升自己。

2. 培养学生养成良好的心态

当前经济社会发展速度较快,同一岗位在不同发展阶段,对人才的需求也会发生变化,职业生涯规划教育,引导学生分析职业、创业职业需求,通过教育学习,学生可以充满信心,敢于面对未来工作中的难题,树立良好的职业从业心态。

班会第三项:主持人提问,全班同学思考

1. 什么是大学生职业生涯规划?

职业规划帮你树立明确目标,运用科学的方法、切实可行的措施,发挥个人专长,开发自己潜能,克服职业生涯困难,避免职业弯路,不断调整前进方向,最后实现个人目标。当我们找到自己的目标,我们就要为自己职业规划制定一个详细方案。

2. 为什么要做职业生涯规划?

职业规划就是我们的战略谋划,有自己的职业路线,才能朝着理想目标发展。它让我们在应对职业选择和职业困难时,都能得心应手。没有职业规划的学生,就会在职场上没有目标地乱撞,职业规划能让大学生找准自己的职业定位。

3. 你的职业规划是什么?

生命之"春"的规划应是学知识、长见识、练本事。职业规划是自己的,每个人都不一样,所有科学的职业规划,都从正确认识自己开始。

职业规划涵盖六个方面：

自我认知（职业性格、职业兴趣、职业能力分析、职业价值观分析、自我认知总结）

外界探索（家庭分析、学校环境分析、社会环境分析、职业环境分析、外界探索总结）

目标定位与选择（近期目标、中期目标、远期目标、职业发展路径）

计划及实习方案（职业目标执行计划、详细学业规划及执行计划）

评估与反馈

规划后记

班会第四项：主持人讲述有关职业规划赛项及学生典型案例

1. 全国大学生职业生涯规划大赛赛事介绍

旨在进一步普及大学生职业生涯规划知识，提高大学生就业、创业与实践能力，促进大学生就业创业。大赛自2009年5月份启动以来，共有24个省市1000余所高校70万名学生参与了此项比赛。

全国大学生职业生涯规划大赛一般每年7月份启动，9月下旬各省高校完成初赛、10月下旬省级复赛筛选出150强，11—12月下旬全国总决赛以小组晋级的方式（150进60、60进15等决出特等奖1名、一等奖3名、二等奖6名、三等奖14名、优秀奖56名）进行。

大赛是由教育部指导，全国高等学生信息咨询与就业指导中心主办的面向全国大学生的大型赛事。从初赛、复赛、决赛，组织3000人评委团，分别来自各级政府主管部门领导、国内顶尖专家学者以及上市企业总裁、名企人力资源总监等，为选手提供全方位职业生涯规划与指导。

2. 刘璟在2009年全国大学生职业生涯规划大赛获特等奖

刘璟，1988年出生在安徽省安庆市一个普通的双职工家庭，由于母亲难产，严重窒息的刘璟患上脑瘫。幸运活下来的刘璟，身体瘫痪，体弱多病，几乎是在医院里度过了童年。就是这个从未站起来过，连翻书都需要别人代劳的女孩，却在父母、老师、同学的关爱支撑下，用瘫软的身体走完了12年求学路，并且在2006年高考中以547分的好成绩考入安庆师范学院！

在本次大学生职业生涯规划大赛全国总决赛的比赛中,她始终充满灿烂的笑容,并且通过比赛为自己的人生做了精彩的规划,在讨论中,她积极参与,适时地表达自己的观点,有理有据;在抽签回答问题环节,她根据自我分析、环境分析、行业分析、职业分析为自己做了清晰而恰当的规划,从而获得全国大学生职业生涯规划大赛特等奖。

班会第五项:主持人抽部分同学对三个问题进行阐述

问题一:什么是大学生职业生涯规划?

问题二:为什么要做职业生涯规划?

问题三:你的职业规划是什么?

班会第六项:分2组每组4人开展辩论会

辩题:正方"大学生要制定职业生涯规划",反方"大学生不需要制定职业生涯规划",抽签决定。

1. 辩论流程:

(1)辩论赛开始,宣布辩题

(2)介绍参赛代表队及所持立场,介绍参赛队员

(3)介绍评委及点评嘉宾

(4)辩论比赛

(5)评委评分

(6)宣布比赛结果,辩论赛结束

2. 比赛规则:

(1)第一阶段(陈词)

正方一辩开篇立论3分钟(主要是阐述本方观点)

反方一辩盘问正方一辩1分钟(反方一辩针对正方一辩的理论进行盘问,答辩方只能作答不能反问)

反方一辩开篇立论3分钟(主要是阐述本方观点)

正方一辩盘问反方一辩1分钟(正方一辩针对反方一辩的理论进行盘问,答辩方只能作答不能反问)

(2)第二阶段(立论)

反方二辩进行驳论或继续陈词2分钟

正方二辩进行驳论或继续陈词2分钟

正方二辩对反方二辩3分钟（双方交替形式轮流发言，一方发言完毕后另一方继续发言，直至时间结束）

（3）第三阶段（提问）

正方三辩盘问反方一、二、四任意辩手2分钟（盘问方可以任意打断，被盘问方不得反问）

反方三辩盘问正方一、二、四任意辩手2分钟（盘问方可以任意打断，被盘问方不得反问）

（3）第四阶段（总结）

反方四辩总结陈词1分钟

正方四辩总结陈词1分钟

第七项：班主任总结

相信本次班会给大家心中带来一定的影响力。为将来就业做好准备，为自己理想的将来请付诸更多努力。

1. 通过班会形式让大家对职业生涯规划有了新的认识，对自我有了新的定位。

2. 让每个人从自身出发制定符合自己的职业规划，让自己在努力中有方向感。

3. 实践中鼓励大家踊跃尝试社会实践活动，提高社会责任感和受挫能力。

4. 行业选择中，让同学们找到符合自身发展的平台。

5. 班会作业：每一位同学从六个方面，写一份符合自己的职业生涯规划书。

第八项：结束语

计划固然是好，但也需要汗水和毅力浇灌，任何目标的实现绝不是空口说说，要注重具体实践和最后的成效。现实生活是变化多样的，自己拟定的规划也要因时因地因事而变，只有照着自己的理想、信念、定位走，一步一个脚印，才是对未来理想的最大收获。未来"我"做主！

项目二　学生创新创业教育

班会背景

大学是一个学习累积、储备知识的地方。知识分为专业知识、实践知识、综合素质。实现创新创业未来人才专业高水平化，是和我们每个大学生所读的专业息息相关的。我院现代学徒制创新创业教育充分发挥行业优势，通过工作室汇聚，让学生耳濡目染，潜移默化中培养学生创业意识。创新创业是在技术创新、服务创新、产品创新、品牌创新、组织创新、市场创新以及渠道创新中进行的创业活动。创新是创业的特质，创业是创新的目标，创业对大学生成长而言是实现理想目标、展现人生价值的重要体现。

班会目的

1. 激发大学生自主学习能力，提高学生对理论知识的学习和应用，培养大学生创新意识、团队精神；

2. 充分调动学生参与创新创业活动积极性和主动性，全面提高学生创新能力和综合素质；

3. 把兴趣和职业相结合作为原动力，促使更多优秀大学生积极参与，提供更多优秀作品。

班会设计（形式）

第一阶段：创新创业的背景与目的

　　1. 视频分享：对创新创业的认识；

　　2. 幻灯片讲解创新、创业的班会内容。

第二阶段：

1.3~5人为一组讨论：

问题一：你对创新创业的理解是什么？

问题二：如果你创业成立公司，该怎么去创新？

2.赛项赛事、学生典型介绍。

第三阶段：

按小组阐述制定的创新创业项目计划书。

第四阶段：班主任总结。

班会准备

1.收集创新、创业有关资料；

2.分组让同学们思考问题；

3.分小组制定创新创业项目计划书及幻灯片；

4.创新作品小发明。

班会流程

1.主持人开场（介绍本次班会背景与目的）；

2.主题内容目录介绍；

3.视频分享（了解创新创业定义、创新创业大赛的介绍）；

4.现代学徒制创新创业教育的作用；

5.小组讨论并思考（问题一：自主创业的行业选择？问题二：创业过程中该如何创新？问题三：如何看待创新创业？）；

6.阐述自己对三个问题的理解和创新点（会后收全班写的三个问题的回答）；

7.每组展示创新创业项目计划方案及作品；

8.班主任总结。

班会开展过程

班会第一项：主持人开场（讲解班会背景与意义）

班会第二项：流程介绍

班会第三项：视频分享（了解创新创业定义）

班会第四项：现代学徒制创新创业教育的作用

1. 提高学生创新创业兴趣

现代学徒制做中学，学中做，让大家明白了理论的重要性，懂得了理论和实践怎么有效地衔接，提高了思想认识。有目的性的学习，有助于提高学习效率。创新创业理论和实践教学有效衔接，提高了大家学习创新创业课程的兴趣。

2. 有助于培养学生的创新精神

现代学徒制在实践操作过程中有助于培养学生的创新精神。学生深入现场进行实践训练时，主动参与，积极动脑思考，激发创新潜能，运用所学知识解决实际问题，提高产品附加值或者提出新的意见，从而不断创新。

班会第五项：主题内容目录讲解

1. 创新创业介绍

创新创业是基于创新的基础上创业的活动，既不同于单纯的创新，也不同于单纯的创业。创新就是创造新事物。"新事物"包括新产品、新技术、新想法、新教育、新管理、新机制，简单地说，就是新型机制替代旧机制。总之，只要能够给资源带来新价值的活动就是创新。在某一方面或者某几个方面进行创新并进而创业的活动，就是创新创业。没有在任何方面进行创新的创业就属于传统创业。

2. 创新创业赛事

中国创新创业大赛是由科技部、财政部、教育部、国家网信办和中华全国工商业联合会共同指导举办的一项以"科技创新，成就大业"为主题的全国性创业比赛。大赛秉承"政府主导、公益支持、市场机制"的模式，既有效发挥了政府的统筹引导能力，又最大化聚合激发了市场活力。

大赛报名分地方赛和总决赛两个阶段。

所有参赛企业和团队在"中国创新创业大赛"官网统一注册报名，各省、自治区、直辖市对报名进行审核确认。

地区赛事根据各省统一评审规则和流程组织"中国创新创业大赛"。各地方入围总决赛经审核盖章报大赛组委会办公室审核公示。

总决赛按照电子信息（苏州）、新材料（宁波）、新能源及节能环保（西安）、生物医药（厦门）、先进制造（洛阳）、互联网及移动互联网（桐乡）6个行业进行比赛。

3. 了解创新创业政策

大学生创新创业政策，宽松便捷的准入，除法律法规禁止领域，一律向创业主题开放，减免行政事业性收费、税收优惠、创业补贴、创业培训补贴、创业吸纳就业奖励、创业贷款担保、入驻大学生创业园给予场租优惠和创业指导。

创新创业是基于技术、产品、品牌、服务等创新点的创新。例如：传统工艺项目，手工刺绣的手绢、围巾等配饰品，既传承了老一辈的手艺，又不需要高额的成本。

4. 创新创业大赛往届优秀作品

马应平，湖北省十堰市郧西县人，2019年进入襄阳职业技术学院，建筑工程技术1901班学生。一次偶然的机会，在学校的展览板上看到了创业成功的学长们的宣传事迹，从那一刻起，他心中也萌生出了一个想法，用奋斗来灌溉青春之花——创业！

经常在学校的图书馆里翻阅书籍的他，无意间发现了有关山羊养殖和疾病预防的书籍，让他立马就想到了家里的马头山羊，秉承着认真求学的态度向畜牧专业的老师请教，在老师的支持下，树起自信，邀请同乡同学一起开始深入学习。

2020年，他接触到了学校的双创教育，在大学科技园的加入下，带着团队回家调研时却发现，马头山羊在养殖过程中，部分农民为了节约成本，自行繁育，但技术不过关，屡屡出现品种退化现象，他们决定首先解决这个品种退化的大难题。

他们进驻学校动物医学工程研究中心，在专业教师的指导下，他们在实验室开展了无数次的实验,为了实地调研,顶着酷暑的炎热,他们先后走访了13个乡镇、4个种羊场、284户养殖农户,调查实验了6个多月。经过不懈的努力,加上学校和当地政府的大力支持,终于开发探索出了小单元马头山羊繁育推广新模式,结合当地实际情况,引进智能化模块,展开标准化、精准化、精细化饲养……并且项目顺利通过湖北农科院、华中农业大学的专家论证。

2021年7月份,他注册了湖北郧牧农业科技有限公司,入住了襄阳大学科技园,同时,他和他的团队携带着梦想参加了第七届中国国际"互联网+"大学生创新创业大赛,在湖北省复赛中夺得金奖,并且在国赛中取得了银奖及最具人气奖。

身为当代之青年,他用梦想在乡村振兴的路上为家乡添砖加瓦,用奋斗来灌溉青春之花!

图例5-1　郧牧羊团队(二排右一:襄职学子马应平)

(图片来源:襄阳职业技术学院李襄静)

班会第六项:小组讨论并分享

1.问题一:自主创业的行业选择有哪些?

一般来说,有创业资金而缺乏创业经验的人或者有一技之长、创业资金足的,都建议从小做起。开展事业,人工、水电、房租等方面都要有开支,真正想创业一定要对某行越熟悉越好,了解行情、消费人群、货源等。不是每一个行业小本可创业、小本可盈利，也不是每个行业都适合创业，创业者首先要做好充足的准备。

2. 问题二：创业过程中该如何创新？

理念创新：以新思维、新视角、新方法进行实践。

战略创新：以发展角度规划，探索发展过程。

思维创新：提出不同的建议和解决方案。

产品创新：以市场需求，明确产品方向。

技术创新：从产品到工艺新颖。

3. 问题三：如何看待创新创业？

随着社会发展，任何事物的创新都是不可缺少的，创新也是时代进步的象征，是我们走向美好生活的保障，是民族振兴、国家富强、社会发展的动力。大学开展创新教育是为了提升大学生创造力，为时代发展创一份力，也让同学们认识到创新的重要。

第一辆汽车诞生：

卡尔·奔驰就是现今德国大名鼎鼎的"奔驰"汽车公司的第一代，戴姆勒—奔驰汽车公司的创始人之一。1878年他34岁时，首次研制成功了一台二冲程煤气发动机。

1883年开始创建"奔驰公司和莱茵煤气发动机厂"。1885年10月，奔驰设计制造了一辆装汽油机的三轮汽车。奔驰最早制造的这辆车，由于性能不过关，经常熄火抛锚。但奔驰并没有因此而丧气。1886年1月29日，奔驰取得了专利权。此后这辆车终于以全新的面貌行驶在曼海姆城的大街上。因此，德国人把1886年称作"汽车的诞生年"。

班会第七项：展示创新创业项目计划方案及作品

1. 第一组：创业项目计划方案及作品展示
2. 第二组：创业项目计划方案及作品展示
3. 第三组：创业项目计划方案及作品展示
4. 第四组：创业项目计划方案及作品展示
5. 第五组：创业项目计划方案及作品展示

……

班会第八项：班主任总结

经过我们对问题的讨论与对方案及作品的展示，让大家正确认识创新创业，创新是发展的表现，现代学徒制创新创业教育能有效提高人才培养质量，是推动社会发展的动力。作为大学生的我们，可以利用专业和兴趣优势参加竞赛、创新创业活动，开阔视野。使我们善于发现新理论、新知识、新方法、新事物，为自己在今后的创业就业路上奠定基础。

1. 通过班会形式让大家对创新创业有新的认识和了解。
2. 让大家结合自身优势去创新，提高大家创新实践能力。
3. 增强大家协作精神和团队意识。
4. 鼓励大家积极参与创新创业竞赛。

班会第九项：结束语

"纸上得来终觉浅，觉知此事要躬行"，当下，我们要认真学习专业知识，培养自己的创业能力，多多参与创业活动，开阔自己的视野，用行动去积攒经验，为未来创业打下基础。

项目三　学生"互联网+"大赛教育

班会背景

"互联网+"是指创新2.0下的互联网的新发展，通俗来讲就是利用互联网信息技术和商业进行融合，从而形成新的模式。通过现代学徒制"互联网+"搭建沟通平台，完成资源共享，让教育教学深度融合。比如现在很火的软件"抖音"，通过刷屏的方式线上学习、线上追剧、线上旅游等，还能线上直播、线上下单，更便捷地给我们提供服务。当然，"互联网+"教育也是发展的热点，通过腾讯课堂、线上问答、线上做题多种方式，都是模式的创新。

班会目的

1. 让大学生了解什么是"互联网+",网络时代给他们带来的影响;

2. 让大学生认识到"互联网+"与行业的融合发展状况;

3. 在大数据时代,合理利用"互联网+",使资源利用最大化;

4. 培养创新创业人才,激发大学生创新创业积极性;

5. 培养大学生自主学习的能力,结合专业思维对新事物进行探索;

6. 鼓励大学生参加"互联网+"创新创业大赛,以赛促教、以赛促创,提高学生创新精神。

班会设计(形式)

第一阶段:了解"互联网+"背景与目的

  1. 视频,对"互联网+"认识;

  2. 幻灯片讲解"互联网+"的班会内容。

第二阶段:

  1. "互联网+"与行业的融入关系;

  2. 3~5人为一组讨论(问题一:你对"互联网+"理解?问题二:你会选择什么行业?怎么合理利用网络平台);

  3. 赛项赛事、团队典型介绍("互联网+"创新创业大赛)。

第三阶段:

  按小组阐述制定的"互联网+"创新创业项目(包括:"互联网+"现代农业、"互联网+"信息技术服务、"互联网+"制造类、"互联网+"文化创意服务、"互联网+"社会服务、"互联网+"工艺创造)。

第四阶段:班主任总结

班会准备

1. 收集"互联网+"有关资料;

2. 分组让同学们思考问题;

3. 分小组制定"互联网+"创新创业项目;

4. 创新作品小发明。

班会流程

1. 主持人开场（介绍本次班会背景与目的）；

2. 视频分享（对"互联网+"认识）；

3. 主题内容目录介绍；

4. 现代学徒制下"互联网+"促进教学模式；

5. 分析"互联网+"与行业的融入关系，小组讨论并思考（问题一：你对"互联网+"理解？问题二：你会选择什么行业？怎么合理利用网络平台？）；

6. 阐述自己对问题的理解和创新点（会后收全班写的三个问题的回答）；

7. 赛项赛事、团队典型介绍；

8. 每组展示"互联网+"创新创业项目及作品；

9. 班主任总结。

班会开展过程：

班会第一项：主持人开场（讲解班会背景与意义）

班会第二项：视频分享（了解"互联网+"）

班会第三项："互联网+"的发展介绍

1. "互联网+"的发展

国际互联网，始于1969年的美国，互联网是由一些使用公用语言互相通信的计算机连接而成的网络，即广域网、局域网及单机按照一定的通信协议组成的国际计算机网络。这些网络通过普通电话线、高速率专用线路、卫星、微波和光缆等线路把不同国家的大学、公司、科研部门以及军事和政府等组织的网络连接起来，是全球性的网络，也是一种公用信息的载体。各行各业的人需要运用互联网来工作、生活、娱乐、消费，互联网本身是一个产业，同时它也带动了其他所有产业的发展。

互联网主要由消费者带动，从消费者在线开始，到广告营销、零售，到批发和分销，再到生产制造，一直追溯到上游的原材料和生产装备。其实就是"互联网+"传统产业转型升级的过程。

现在互联网的发展已经从网站建设，到微网站建设、手机网站建设、微信公众平台开发，带动各行各业发展。

2. 为互联网做出贡献的人物

罗伯特·卡恩（Robert Kahn）：现代互联网发展史上最著名的科学家之一，TCP/IP 协议发明者之一，互联网雏形 Arpanet 网络系统设计者，"信息高速公路"概念创立人。

1969年，卡恩参加阿帕网"接口信息处理机"（IMP）项目，负责最重要的系统设计。IMP 就是今天网络最关键的设备——路由器的前身。1970年，卡恩设计出第一个"网络控制协议"（NCP），即网络通信最初的标准；80年代中期，他还参与了美国国家信息基础设施（NII）的设计，NII 后来被我们称为"信息高速公路"。

罗伯特·梅特卡夫（Robert Metcalfe）：以太网之父，发明了连接同一建筑物内所有计算机时最常用的以太网。

蒂姆·伯纳斯-李（Tim Berners-Lee）：万维网（WWW）之父，编写了第一个万维网服务器"http"和第一个客户端程序"WorldWideWeb"（浏览器和编辑器）。

班会第四项：现代学徒制"互联网+"促进教学内容、模式、办法和教学管理

1. 现代学徒制教育就是为社会经济开展提供优质的资源，"互联网+"代表着未来社会经济的方向，"互联网+"的思维与现代学徒制进行升级和改造，并实现有效融合。我院利用互联网，整合企业优质资源，将企业、行业标准融于教学资源，在平台上形成优质资源库链接。

2. 借助"互联网+"技术，校企联合开发"互联网+"教学管理系统，提高学生管理的系统化和自动化，充分解决学生在企业学习过程中、实践过程中出现的问题，确保对学生学习的有效指导。

班会第五项："互联网+"趋势，助力传统企业发展

互联网作为一个开放自由的平台，每个人都能够独立地成为信息的发起源与接收源，因此也被利用为营销的一种工具，基于互联网自带的优势，对现有的商业模式与竞争关系产生了很大的影响，在当下这个互联网发展的背景下，传统的营销模式总是带有时间、空间等多方面的局限，嫁接互联网成了传统企业空前一致的选择。

哪里有消费，哪里就有利润，消费者可以说是推动整个经济发展的主体，那么一个企业根据自身产品定位，对应地去锁定消费群体变得异常重要。首先要对市场做出充分地调查与分析，了解市场、洞察消费群体是基本前提；其次，推广宣传是将自身销售出去最重要的一步，让更多的人知道才会吸引到更多的消费，推广的方式有很多，线上线下各自有不同的优势，针对性的推广才会达到一针见血的效果，线上线下推广相结合起来，相对锁定了消费群体，那么，如何转化为自己的客户才是至关重要的一步。

小组讨论并阐述

1. 问题一：你对"互联网+"的理解？
2. 问题二：你会选择什么行业？怎么合理利用网络平台？

班会第六项："互联网+"创新创业大赛赛事项目介绍

1. "互联网+"大学生创新创业大赛

中国"互联网+"大学生创新创业大赛，由教育部与政府、各高校共同主办。大赛旨在深化高等教育综合改革，激发大学生的创造力，培养造就"大众创业、万众创新"的主力军；推动赛事成果转化，促进"互联网+"新业态形成，服务经济提质增效升级；以创新引领创业、创业带动就业，推动高校毕业生更高质量创业就业。

2. "互联网+"创新创业大赛【红旅】金奖项目

第四届"互联网+"创新创业大赛【红旅】金奖项目，西安交通大学金刚模团队的"金刚模/高端热作模具"获得了"乡村振兴奖"。金刚模团队首抓行业痛点，制作出一个寿命长、零排放、提高了企业产能的模具，大大解决了我国高端模具受国外产品垄断造成了企业产能异常落后和环境污染等问题。该项目立足于著名模具城——临沂，在2015年国家出台《环境保护法》之后，许多模具制造厂因为污染问题被停厂整改，造成近万名工人失业，这个项目的提出，得到了当地政府的资金支持，并成立了临沂世宏模具科技有限公司，解决了许多下岗农民工的就业问题，也带动了当地经济的发展。

3. 趣弹音乐——轻乐器在线教育服务平台

广西师范大学创新创业学院的"趣弹音乐——轻乐器在线教育服务平台"以文创类项目第一名的成绩夺得金奖，也是广西高校唯一获主赛道金奖的项目。随着时代的发展，会一门，甚至三四门乐器成为当今家长对自己小孩的要求。而尤克里里作为一门比较容易上手的乐器，是许多人首选乐器之一。"趣弹音乐"是一个社群式尤克里里在线教育服务平台，采用"内容库+督导班"模式，做到"学+练"相结合，让学习尤克里里的人更加便捷，不用特意去找老师来学，利用现有网络资源教学就可自学。项目创始人抓住学习尤克里里的门槛较低，且学习者年龄跨度大，有潜力成为大众乐器的特点，直击我国音乐教育行业缺乏优质教学内容、网络教学资源不够集中等问题，基于用户需求建立教学学习交流平台。而且因为网络直播越来越受欢迎，通过网络教学直播和B站（哔哩哔哩）教学视频的上传来获得盈利也是一种选择。

班会第七项：展示"互联网+"创新创业项目及作品

1. 第一组："互联网+"创新创业项目及作品展示。
2. 第二组："互联网+"创新创业项目及作品展示。
3. 第三组："互联网+"创新创业项目及作品展示。

班会第八项：班主任总结

通过这次班会交流与学习，让我们认识到，互联网是我们生活中不可缺少的一部分，现代学徒制"互联网+"下的高素质技术技能型人才，都是未来经济发展不可或缺的重要组成。利用"互联网+"理念建设实训基地和搭建网上教学管理系统能够充分和高效地利用网络教学资源，对推动现代学徒制的建设，进而提升人才培养质量具有重要的现实意义。互联网也是一把双刃剑，有利也有弊，很多人沉迷于网络游戏，也有人用来查资料学习，当然，更希望我们大学生能学会利用网络，在学业上、事业上，帮助大家学习和规划未来。

1. 通过班会形式让大家对"互联网+"有了认识和了解。

2. 学习互联网的发展史以及做出伟大贡献的人物，让我们了解到互联网给我们带来的优劣势，从而学会去利用。

3. "互联网＋创新创业"激发大学生创造力，鼓励大家踊跃参与。

班会第九项：结束语

从过去的工业时代到现在的数字化时代，互联网时代发展是快速的，提供更丰富、更便利、更低廉、更优质的商品和服务，可以形成以市场需求为导向的生产供给，使产业增长和市场需求更加均衡。我们要跟紧时代的步伐，学会去利用，学会去创新。

项目四 学生求职面试教育
——建自我才能 筑职业未来

班会背景

面试作为企业招贤纳士最常见的方式，是每一位应聘者都要经历的，充分的准备往往更能展现自己，受到企业的青睐。结合现代学徒制校企优势，以建筑装饰企业岗位工作任务为基础，构建了"线上线下、在岗成才"的企业化课程体系学习。围绕装饰企业核心岗位安排学生进行实践，随着高校实行校招、91系统、转介绍等招聘途径，大学生就业率越来越高，但还有部分学生却毫无意识，对未来没有规划，更加不知道面试的重要性，所以开展此次班会让同学们了解面试的重要性，加强大学生就业引导，提高社会竞争力。

班会目的

通过这次班会让大家树立职业意识、竞争意识，熟悉用人单位的招聘和用人需求，提升职业形象；提高职业技能，以便在职业竞争中脱颖而出，进一步提高社会实践和自我表达能力，从而更快融入社会。

1. 给大学生树立正确的就业观，提升就业技巧；

2. 引导学生树立职业目标，提升职业形象；

3. 让大学生科学制定职业规划，多参加活动和实践锻炼自己，提升自己的综合能力；

4. 提前让学生适应就业状态，让大学生更快融入社会；

5. 增加大学生沟通表达能力，在面对面试者时不怯场；

6. 帮助大学生学会沟通技巧，做到有理有据有依；

7. 鼓励大家积极参加"求职面试大赛"。

班会设计（形式）

第一阶段：求职面试背景与目的

  1. 幻灯片讲解求职面试的班会内容；

  2. 现代学徒制分段学习模式；

  3. 畅聊面试、工作经历。

第二阶段：面试技巧、注意事项

  1. 视频分享（2~3个面试视频分享）；

  2. 模拟面试（选4个面试官，每个同学准备1份个人简历）。

第三阶段：

  1. 求职面试大赛介绍（赛事介绍、案例介绍）；

  2. 作业：准备个人幻灯片、演讲稿、简历。

第四阶段：班主任总结

班会准备

1. 收集求职面试有关资料；

2. 让每位同学准备个人简历；

3. 仪容仪表（职业装、形象）；

4. 提前预选4~5个面试官；

5. 准备面试提问与回答。

班会流程

1. 主持人开场（介绍本次班会背景与目的）；

2. 畅聊面试、工作经历（谈谈自己面试过程和工作经历）；

3. 视频分享（面试示范案例）；

4. 面试准备、面试技巧、注意事项讲解；

5. 模拟面试（评选4名面试官，每人准备30个问答题）；
6. 求职面试大赛赛项赛事介绍；
7. 作业：准备个人幻灯片、演讲稿、简历；
8. 班主任总结。

班会开展过程

班会第一项：主持人开场（讲解班会背景与意义）

班会第二项：介绍现代学徒制分段学习模式

实现交互训教、工学交替、岗位培养，着力培养适应建筑行业需求的综合型技术技能人才。一是从不能到能即"通"，通用技能模块课程学习，所有课程均需人人过关。二是从生到熟即"会"。第三、四学期学生进入企业化课程学习阶段，在现代学徒制合作企业岗位实践；第五学期，学生通过企业实践和在校学习相结合，完成核心技能模块课程学习，实现从生到熟；第六、七学期学生均再次进入企业或创新创业平台进行企业化课程学习；第八学期，部分学生在平台进行创业实践、部分学生进入企业进行分岗企业实习，最终实现在岗成才。

班会第三项：畅聊面试与工作经历（交流经历心得）

励志面试故事

20多年前，一位知名企业的总经理想要招聘一名助理。这对于刚刚走出校门的青年们来说是一个非常好的机会，所以一时间，应征者云集。经过严格的初选、复试、面试，总经理最终挑中了一个毫无经验的青年。副总经理对于他的决定有些不理解，于是问他："没受任何人的推荐，而且毫无经验。那个青年胜在哪里呢？""他既没带一封介绍信，又刚刚从大学毕业，一点经验也没有。但他有很多东西更可贵。他进来的时候在门口蹭掉了脚下带的土，进门后又随手关上了门，这说明他做事小心仔细。当看到那位身体上有些残疾的面试者时，他立即起身让座，表明他心地善良、体贴别人。进了办公室他先脱去帽子，回答我提出的问题时也是干脆果断，证明他既懂礼貌又有教养。"总经理顿了顿，接着说："面试之前，我在地板上扔了本书，其他所有人都从书上迈了过去，而这个青年却把它捡起来了，并放回桌子上。当我和他交谈时，我发现他衣着整洁，头发梳得整整齐齐，指甲修得干干净净。在我看来，这些细节就是最好的介绍信，这些修养是一个人最重要的品牌形象。"

班会第四项：面试准备、面试技巧、注意事项

1. 面试准备工作：

（1）了解自己要找的工作

投递简历的时候一般都不是盲目的，你需要充分了解自己的工作，岗位需要的技能以及自己和岗位的匹配度。

（2）投递简历有针对地了解岗位职责

投递简历时需要重点了解你的岗位职责，就是应聘单位的岗位职责和岗位要求，岗位职责包括你的工作内容和职业道德。

（3）准备自我介绍

面试的第一步就是准备简历，简历的第一项就是个人基本情况的介绍，第二项自我介绍需要重点放在你的专业能力、性格，以及工作经历上，要靠近你的岗位需求以及技能要求。

（4）重点关注自己的工作经历

工作经历是用人单位非常看重的，如果是应届大学生，经历必然不太丰富，你就需要展现你的优点，比如积极学习的态度、应变能力、沟通能力以及其他。而对于有工作年限要求的，你需要侧重经历和岗位的关联性，以及离职的原因等也需要提前做准备。

（5）预设一些问题

面试中，面试官会问你一些问题来考察你的沟通能力，业务能力和思维能力等。你需要提前针对一些方面准备，比如你如何看待加班，你对工作的态度，你认为该如何开展工作等，提前想好怎么回答。

找工作不是一蹴而就的，所以我们每一个面试都需要总结，回顾反思自己哪些问题没答好，思考下次应该怎么回答，多多积累经验，争取下次表现得更好。

2. 面试技巧：

（1）第一要注意：三思而后答。面试场上，先思考再作答。

（2）第二要注意：随机应变。面试过程要注意运用灵活的语言表达技巧。

（3）第三要注意：稳定自己的情绪，沉着而理智。面试时，提出一个意想不到的问题，就是考验你应变能力和处事能力的。

（4）第四要注意：不置可否地应答，模棱而两可。应试场上遇到答案都不是很理想的问题时，就要善于用模糊语言来应答。可以先用"不可一概而论"作为开头，然后从正反两面来解释你的观点。

3. 注意事项：

（1）面试练习：提前对着镜子练习自我介绍词，表达要清晰。

（2）遵守面试时间：可以提前10~15分钟，给人留下好的印象。

（3）仪容仪表：以职业装为主，穿着干净，大方得体。

（4）礼貌用语：您、您好、谢谢、再见等，是对面试官的尊重。

（5）言行举止习惯：对于自己的坏习惯、口头禅、小动作都是要克制和改变。

班会第五项：模拟面试（评选4名面试官，每人准备30个问答题）

面试常见的问题与回答：

（1）请你做一下自我介绍。

各位面试官你们好！

我叫***，毕业于****大学，所学是***专业，在校期间，我认真学习专业知识，基础扎实，能熟练使用CAD、Photoshop（Adobe Photoshop）等软件。也参加过社团活动或技能实践，这些活动让我加强了和同学的交流和团队协作力。（在校被评为***）

本人性格开朗、有活力、待人热情，对待工作认真负责、积极主动、能吃苦、勇于承受压力；敢于创新，勤于学习；会不断提高自身能力和综合素质。在未来工作中，会刻苦钻研，提高自己工作能力的同时与企业同步发展。

（2）为什么应聘这个岗位？

专业角度：因为我学习的就是相关专业，也想往这个方向发展，而公司的发展吸引了我，我有信心能够胜任这份工作，并且和公司共同成长。

兴趣角度：这个岗位很符合我自己的兴趣和性格，让我可以充分发挥自身特长，全身心投入，做到更好。

企业发展：对贵公司有一定了解，也一直在关注，公司发展前景广，涉及领域全面，企业文化氛围浓厚，更能锻炼自身能力，提升自己。

（3）对于应届毕业生，缺乏的就是工作经验，你该如何胜任？

作为毕业生，工作经验方面有所欠缺，但是在校期间我利用课余时间做兼职，积累社会经验，书本带给我的是知识，兼职更能锻炼我的实践，我有较强的责任心，学习能力和适应能力都比较强，工作中也比较勤奋，所以我相信自己能够胜任这份工作。

（4）工作中会涉及加班，你能接受吗？

如果是紧急任务，加班完成工作也是我的职责，如果是因为我个人进度比较慢，我也会利用下班时间保质保量加班完成，并且提高自己的工作效率。

（5）你3~5年的职业规划是什么？

我明白在任何领域的专业，都是长期学习不断累积的过程，第一阶段：我希望在1~2年时间内能够让自己在这个岗位上沉淀下来，不断累积学习经验。第二阶段：在3~5年时间内让自己在这方面能够独当一面，遇到问题、发现问题，能够去解决。第三个阶段：成为一名专业者，在工作中能够创新，能给公司带来价值。

班会第六项：求职面试大赛

1. 活动背景

求职面试大赛是学生和企业的交流平台，也是学生和企业沟通的桥梁。让企业走进校园，了解学生就业需求，有针对性开展招聘，学生也能面对面更直接地了解企业，并让学生对自我认知规划更明确。从而实现自身价值，为此，我们开展面试大赛。

2. 活动目的

让学生了解企业用人需求，我们学习的重心是什么，以此引导学生树立正确就业观和择业观，提高学生竞争意识和综合能力。

3. 活动主题

建自我才能 筑职业未来

4. 活动对象

大二在校生

5. 活动安排

（1）邀请企业、社会单位、人事单位相关 HR 作为应聘官，为本次招聘面试指导，并提供意见或建议。

（2）由各企业根据职业要求，对优秀应聘者颁发联名证书。

（3）优秀应聘者可进入企业或就业中心人才储备库，为其提供就业锻炼机会。

6. 赛事阶段

（1）初赛：各班级征集所有同学个人简历，在班级中进行面试初审推荐，1~2人参加复赛。

（2）复赛：

①参赛选手进行自我介绍；

②对应聘职位进行竞职解说；

③评委现场提问。

7. 奖项

一等奖1名；

二等奖2名；

三等奖3名；

优秀奖若干。

班会第七项：班主任总结

通过这次班会，让大学生摆正就业心态，结合自身优势，提前做好自身定位。让学生认识到找工作需要坚持和自信，对自己专业知识也要有深刻认识，问问自己想从事什么行业，自己有什么优势，俗话说：机会是给有准备的人。其次不要因为找工作碰壁而放弃，要看看自身有什么问题，该怎么去调整，在学习和锻炼中不断进步。

1. 在校踏实学习，让自己有过硬的专业技能。

2. 找准自身定位，提前规划自己从事的行业和岗位。

3. 参加社交活动，提高自己与他人的沟通能力和协作能力。

4. 熟练掌握办公软件，例如：office、PS（Adobe Photoshop）。

5. 摆正心态，敢于面对挫折，善于发现问题并及时调整。

班会第八项：结束语

面试是我们找工作时都要经历的，每个人都希望能找到一份待遇好、薪资高、假期多的工作，但是求职过程中难免遇到落差和挫折，找一个适合自己、自己也适合的企业大多是不可能的，要学会调整自己的心态，善于发现自身的发展机会，在工作中得到锻炼和提升。